„Ein guter Spruch ist die Wahrheit eines ganzen Buches in einem einzigen Satz.“

Theodor Fontane

Verlag:	Edition Art, Design & Golf Artigo GmbH Im Leisibühl 47 CH-8044 Zürich Telefon: +41-79-400 97 43 Telefax: +41-86079-400 97 43 E-Mail: info@golfregeln.ch www.golfregeln.ch
Herausgeber:	Yves Cédric Ton-That, CH-8126 Zumikon
Übersetzung/ Interpretation:	Yves Cédric Ton-That, CH-8126 Zumikon
Illustrationen:	Roland Hausheer, CH-8049 Zürich Yves Cédric Ton-That, CH-8126 Zumikon
Umschlag/Layout:	Arts & Media, CH-8049 Zürich
Foto:	Tom Haller, CH-8008 Zürich

Herausgegeben im März 2002

ISBN 3-9521596-5-4

Yves Cédric Ton-That

GOLF ZITATE

Die schönsten Zitate, Sprichwörter und Aphorismen rund um den Golfsport

1. Auflage

Autor

Yves Cédric Ton-That (geb. 20.12.1972) ist seit Jahren mit dem Golfsport verbunden. Der Spitzenamateur ist offizieller Schiedsrichter des Schweizerischen Golfverbands (ASG) und Autor mehrerer Bücher. Als Redaktionsmitglied diverser europäischer Golfmagazine hat er unzählige Artikel zum Thema verfasst. Er lebt und arbeitet in Zürich.

Vorwort

Liebe Golferin, lieber Golfer

Um es gleich vorwegzunehmen: Trotz des so lautenden Titels handelt es sich bei den meisten der nachfolgenden Sprüche nicht um Zitate im eigentlichen Sinn. Ein Zitat ist die wortwörtliche Wiedergabe dessen, was ein anderer gesagt oder geschrieben hat. Da viele der Textstellen fremdsprachigen Ursprungs sind, kann es sich bei deren Wiedergabe in deutscher Sprache schon per Definition nicht um ein Zitat handeln.
Auch habe ich mir bei der Übertragung ins Deutsche einige Freiheiten genommen und bewusst nicht versucht, bloss um des Zitierens willens, die Sprüche wortgetreu zu übersetzen. Schliesslich sind es die Originalität und der Geist, welche den Charme vieler Bonmots ausmachen. Diese im Sinne des Urhebers prägnant wiederzugeben, war vielmehr das Ziel. Weil sich in Zitaten Inhalte in reinster und konzentriertester Form präsentieren, vermitteln sie uns manchmal beinahe so viel Wissen, wie die Lektüre eines ganzen Buches. Das ist auch kaum verwunderlich, widerspiegelt sich doch hier die Erfahrung von Golflegenden wie Tommy Armour, Bobby Jones,

Ben Hogan, Arnold Palmer, Lee Trevino, Severiano Ballesteros, Tiger Woods u.v.a.m. – Menschen, die ihr ganzes Leben dem Golfsport gewidmet haben. Sie werden Aussprüche finden, die voll Witz sind und unweigerlich ein Schmunzeln oder gar ein herzhaftes Lachen auslösen; aber genauso oft werden Sie auf wahre Perlen der Weisheit stossen, die Ihnen spontan ein zustimmendes Kopfnicken entlocken. So ist es schön zu wissen, dass, obwohl jeder Tag und jeder Schlag stets anders ist, im selben Augenblick irgendwo auf einem anderen Golfplatz Menschen genau dasselbe erfahren und empfinden wie wir selbst.

In diesem Sinn wünsche ich Ihnen viel Spass bei der Lektüre, in golferischer Verbundenheit

Yves Cédric Ton-That

PS: Falls Sie Ihr persönliches Lieblingszitat vermissen oder der Meinung sind, die Quelle oder womöglich der Sinn eines bestimmten Zitats seien unzutreffend wiedergegeben, so freue ich mich über jede Anregung per E-Mail an: info@golfregeln.ch.

Inhalt

Golf ist …

Golf ist in Wirklichkeit ein verdorbener Spaziergang.

Mark Twain

Golf ist ein langer Spaziergang, durchzogen von Entäuschungen und schlechter Rechenkunst.

Earl Wilson

Golf scheint mir eine etwas beschwerliche Art, spazieren zu gehen. Ich gehe lieber mit den Hunden raus.

Prinzessin Anne

Golf ist ein Tag voll anstrengenden Müssiggangs.

William Wordsworth

Golf ist ein Spiel voller Enttäuschungen.

Gary Player

Golf ist ein Spiel fortwährender Notlagen.

Chi Chi Rodriguez

Golf ist nicht das Spiel der grossartigen Schläge. Es ist das Spiel der genauesten Fehlschläge. Wer die kleinsten Fehler macht, gewinnt.

Gene Littler

Golf ist ein Spiel, bei dem Perfektion immer unerreichbar bleiben wird.

Betsy Rawls

Golf ist eine Art Selbstprüfung, bei der wir uns vergnügen.

Arnold Palmer

Bei einem Spiel zuzuschauen ist Spass. Bei einem Spiel mitzumachen ist Entspannung. Daran zu arbeiten ist Golf.

Bob Hope

Golf ist ein gewaltloses Spiel, das mit äusserster Gewalt im Innern gespielt wird.

Bob Toski

Golf ist ein herrlicher Zeitvertreib, aber eine ruinöse Krankheit.

Bertie Charles Forbes

Golf ist ein Spiel, bei dem Ehrgeiz, Nicht-lockerlassen-wollen und bedingungslose Hingabe absolut nichts einbringen, ausser vielleicht einem Geschwür.

Tommy Bolt

Golf verursacht hohen Blutdruck, ist schlecht fürs Gemüt, schadet der Verdauung, bewirkt Neurasthenie, beeinträchtigt das Sehvermögen, evoziert Hornhaut an den Händen, ruiniert die Nerven, verdirbt die Moral, verleitet Männer zum Trinken oder Töten, zerrüttet die Familie, verwandelt ganglose Drüsen in innere Wucherungen, führt nervöse Magenbeschwerden herbei, verursacht Abnützungserscheinungen an der Wirbelsäule, bewirkt Rückenmark-Meningitis, zunehmende Verlogenheit sowie Angina pectoris.

Dr. Arthur Stanley Lamb

Wenn bei primitiven Stammesvölkern Eingeborene mit Stöcken auf die Erde schlagen und dazu markdurchdringende Schreie ausstossen, spricht man von Hexenkult. In der zivilisierten Gesellschaft nennt man dasselbe Golf.

Anonymus

Golfspielen ist im Grunde ganz einfach: Man nimmt einen Schläger, haut in die Erde, flucht und geht weiter.

Anonymus

Golf scheint so simpel und ist doch unendlich kompliziert. Ein Kind erlernt es schnell und ein Erwachsener wird es nie begreifen. Es erfordert höchste Konzentration bei gleichzeitiger totaler Entspannung. Jede Runde ist voller Pein, unberechenbar. Es befriedigt die Seele und frustriert den Intellekt. Es ist erfreulich und ärgerlich zugleich – und es ist mit Sicherheit das grösste aller Spiele.

Robert Forgan

Golf ist wie eine Droge: Wer sich auf dieses Spiel einmal eingelassen hat, kommt kaum noch davon los.

Harry Valérien

Golf ist ein Spiel für Könige und Präsidenten, wenn sie des Regierens müde sind.

Charles Price

Golf ist ein typisch kapitalistischer Irrsinn.

George Bernard Shaw

Golf war einst ein Sport der Reichen, aber heute trifft man fast nur noch armselige Spieler an.

Anonymus

Es ist nicht alles Golf, was glänzt.

Ulrich Kaiser

Golf besteht zu 20% aus Schwung und Technik. Der Rest setzt sich zusammen aus Philosophie, Humor, Tragödie, Romantik, Melodrama, Gesellschaft, Kameradschaft, Eigensinnigkeit und Geschwätz.

Grantland Rice

Golf besteht zu 90% aus Demut. Die restlichen 10% teilen sich auf in Frust, Ärger und dergleichen.

Yves Cédric Ton-That

Golf ist 90% Inspiration und 10% Transpiration.

Johnny Miller

Golf ist 20% Talent und 80% Management.

Ben Hogan

Golf ist ein Spiel, bei dem ein kleiner Ball mit einem Durchmesser von wenigen Zentimetern auf einen Ball gelegt wird, der 12.000 km Durchmesser hat. Ziel ist es nun, den kleinen, nicht den grossen Ball zu treffen.

John Cunningham

Beim Golfspielen versucht man, einen winzigen Ball in ein noch viel kleineres Loch zu spielen, und das mit einer Ausrüstung, die zu diesem Zweck völlig ungeeignet ist.

Sir Winston Churchill

Golf verwandelt aufrichtige Menschen in Lügner, macht Altruisten zu Betrügern, tapfere Leute zu Angsthasen und überhaupt jeden zum Idioten.

Milton Gross

Golf: Der blödeste verdammte Spass, den es je für irgendwen gegeben hat.

Cy Manier

Golf ist nur ein Spiel, und dazu noch ein idiotisches.

Mark Calcavecchia

Golf ist weniger ein Spiel als vielmehr ein Glaube und eine Religion.

Arnold Haultain

Golf sträubt sich gegen jede Definition, obwohl es viele kluge Männer versucht haben.

Peter Dobereiner

Liebe, Lust & Leidenschaft

Golf ist wie eine Liebesaffäre: Nimmt man es nicht ernst, macht es keinen Spass; nimmt man es aber ernst, so bricht es einem das Herz.

Arnold Daly

Drei Dinge sind für den männlichen Geist so faszinierend wie unergründlich: Metaphysik, Golf und das Herz einer Frau.

Arnold Haultain

Ich habe dieses Spiel so sehr geliebt, dass ich jeweils kaum erwarten konnte, bis die Sonne aufgeht und ich wieder auf den Platz hinaus könnte.

Ben Hogan

Golf – mon amour.

Heinz O. Krings

Golf ist das Schönste, was man angezogen machen kann.

Sam Snead

Die Lust, welche einem ein genau im Sweetspot getroffener Ball bereitet, ist nur mit ein oder zwei anderen Dingen vergleichbar, die mir gerade so in den Sinn kommen.

Dinah Shore

Golf und Sex sind so etwa die einzigen Sachen, die Spass machen, selbst wenn man nicht wahnsinnig gut darin ist.

Jimmy Demaret

Beim Golf ist es ähnlich wie beim Sex. Wenn man einmal versagt hat, beginnt man zu zweifeln.

Julius Boros

Golf wird viel zu kompliziert gemacht. Wenn man den Menschen Sex so beibringen würde, wie man es mit dem Golfen versucht, wäre die Menschheit längst ausgestorben.

Jim Murray

Der Golfschwung ist mit Sex vergleichbar: Man darf nicht an die technischen Aspekte des Akts denken, während man praktiziert.

Dave Hill

Beim Golf ist es wie mit der Liebe. Heute denkst Du noch, Du bist zu alt und morgen kannst Du es kaum erwarten.

Roberto de Vincenzo

Wenn man zu alt ist, um hinter anderen Sachen her zu sein, kann man immer noch hinter Golfbällen her sein.

Anonymus

Ich habe es stets genossen, Golf zu spielen und auch zu trainieren. Ob nun für den folgenden Tag eine Turnierrunde oder lediglich einige Stunden auf der Übungswiese in meinem Terminkalender standen – die Tatsache, dass Golf darin vorkam, machte mich immer ausserordentlich glücklich.

Ben Hogan

Ich bin süchtig nach Golf – und keine Therapie der Welt kann mir helfen.

Lee Trevino

Gib mir Golfschläger, frische Luft und eine schöne Partnerin – dann kannst Du die Schläger und die frische Luft behalten.

Jack Benny

Ein tiefes Handicap ist nicht das Ein und Alles. Der Golfer braucht auch eine liebevolle Ehefrau, der er den ganzen Abend lang seine Golfrunde erzählen kann.

Pelham Grenville Wodehouse

Meine Begeisterung für das Spiel hat abgenommen, seit ich etwas interessanteres als Golf gefunden habe – meine Frau.

Bruce Leitzke

Der Tag gehört dem Golf – der Abend der Liebe.

Schottisches Volkslied

Ladies' Day

Ein hübsches Mädchen hat es am schwersten, das Golfspiel zu erlernen – weil ihr alle Männer Tipps geben wollen.

Harvey Penick

Ohne meinen Busen könnte ich den Ball noch zwanzig Meter weiter schlagen.

Babe Didrikson Zaharias

Ich habe gehört, dass man schwanger besser spielt, weil man einen tieferen Schwerpunkt hat.

Tammie Green

Ich habe es schon immer gesagt: Alle gut aussehenden Golfer spielen auf der Damen-Tour.

Jan Stephenson

Wenn wir bei einem LPGA-Turnier 20 unter Par spielen, heisst es, der Platz sei zu einfach – nicht, dass wir tolles Golf gespielt hätten.

Karrie Webb

Wenn wir Frauen uns über die Zustände auf der Tour beklagen, heisst es, wir seien Zicken. Aber wenn die Männer jammern, denken alle: „Oh, die haben's echt schwer."

Betsy King

Früher kamen die Männer zu Damen-Turnieren nur, um den Weibern nachzugaffen. Inzwischen kommen sie zwar immer noch zum Gaffen, aber auch um uns spielen zu sehen.

Sally Little

Das Spiel der Männer ist spektakulärer, weil grösserer Krafteinsatz auch grössere Katastrophen mit sich bringt.

Bob Verdi

Die Männer schlagen ihre Bälle vor allem weit. Bei uns Damen geht es mehr um Tempo und Rhythmus. Es ist alles viel natürlicher.

Federica Dassu

Wir würden ja gern alle aussehen wie Cindy Crawford, aber wir sind nun mal Profigolferinnen und keine Models.

Laura Davies

Wenn eine Frau ihren Ball ins Rough spielt, sagt der Mann: „Wir haben keine Zeit zum Suchen." Schlägt er aber den Ball weiss Gott wohin, dann sucht er in jedem Rattenloch!

Alice Miller

Meine Ziele für dieses Jahr sind, meinen Slice und meinen dämlichen Ehemann loszuwerden.

Jan Stephenson

Ich hasse den Ausdruck Golfwitwe. Ich wurde erzogen, alles tun zu können, was Männer auch tun.

Jane Seymour

Mein Motto: Aussehen wie eine Frau und spielen wie ein Kerl.

Jan Stephenson

Frauen, welche den Männern ebenbürtig sein wollen, mangelt es an Ambition.

Anonymus

Männersache

Mein Putter und ich, das ist wie eine Ehe. Wenn ich mich zwischen ihm und meiner Frau entscheiden müsste – ich würde sie vermissen.

Gary Player

Meine Frau heisst Golf. Und kein Mann sollte mehr als eine Frau haben.

Fred McLeod

Viele Männer sind ihren Golffreunden ergebener als ihren Ehefrauen – und haben mit ihnen auch schon mehr gemeinsame Jahre verbracht.

John Updike

Seinen Golfschwung zu wählen, ist wie die Wahl einer Frau: Jedem, was ihm gebührt.

Ben Hogan

Bring Deiner Frau das Golfen bei und sie wird nichts treffen. Bring ihr das Autofahren bei und sie wird nichts verfehlen.

Anonymus

Seiner Partnerin das Golfspielen beizubringen birgt für die Beziehung ebenso grosse Risiken, wie ihr das Golfspielen nicht beizubringen.

Yves Cédric Ton-That

Den Damen genügt es oftmals, auf dem Golfplatz nichts weiter zu treffen als nette Leute.

Anonymus

Die Damen-Tour braucht Spielerinnen, die wie Farrah Fawcett aussehen und wie Jack Nicklaus spielen. Stattdessen haben sie dort Spielerinnen, die wie Jack Nicklaus aussehen und wie Farrah Fawcett spielen.

Anonymus

Ich finde, man sollte uns Männern auf der Tour erlauben Shorts zu tragen. Schliesslich ist das den Spielerinnen auf der Damen-Tour auch erlaubt – und wir haben weiss Gott schönere Beine als die.

Greg Norman

Es ist weniger heikel, einem Mann zu sagen, dass mit seiner Frau etwas nicht stimmt, als ihm zu sagen, sein Heimplatz sei hässlich.

Frank Hannigan

Meine Frau hat immer gesagt, sie wolle einen Millionär zum Mann. Nun hat sie einen Millionär aus mir gemacht – ich war früher Multimillionär.

Chi Chi Rodriguez

Nachdem ich das 1.000.000-$-Turnier gewonnen hatte, sagte ich zu meiner Frau, sie solle sich etwas wünschen. Sie sagte: „Die Scheidung." Ich antwortete, dass ich nicht an etwas so Teures gedacht hätte.

Nick Faldo

Wir waren acht Monate glücklich verheiratet. Leider dauerte unsere Ehe viereinhalb Jahre.

Nick Faldo

Golf ist ähnlich, wie sich mit Frauen zu verabreden: Du weisst, dass sie Dir am Ende nur Kummer bereiten, aber Du kannst es einfach nicht lassen.

Jackie Gleason

Seit der Enthauptung der ersten Golferin, Königin Maria Stuart von Schottland, hat die Welt des Golfs offen bedauert, dass daraus kein Brauch geworden ist.

Peter Dobereiner

Hunde und Frauen nicht zugelassen.

Schild vor Clubhaus

Regeln & Etikette

Ich finde, die meisten Golfregeln stinken zum Himmel. Die haben Typen geschrieben, die nicht einmal Hundert spielen können.

Chi Chi Rodriguez

Golf ist kein faires Spiel, nur unparteiisch.

John Glover

Golf – der perfekt geregelte Wahnsinn.

Erich Helmensdorfer

Golf ist die einzige Sportart der Welt, bei der genaue Regelkenntnis einem den Vorwurf der Unsportlichkeit einbringen kann.

Patrick Campbell

Golf wurde von irgendeinem Schotten erfunden, der mit einem Stock einen Ball in ein Erdloch schlug. Heute ist das Spiel immer noch genau dasselbe, abgesehen davon, dass es ein paar hundert Seiten Kleingedrucktes braucht, um sicherzustellen, dass der Ball mit jenem Stock ins Erdloch geschlagen wird, ohne dass dabei geschummelt wird.

A.S. Graham

Das Schöne an all den Golfbüchern ist, dass jedes das andere überflüssig macht. Das eine Buch meint, man solle die Augen genau auf den Ball richten, das nächste meint, sich darüber keine Gedanken zu machen. Ich kann nach all den Runden nur sagen: Richten Sie Ihre Augen auf die Mitspieler.

Jim Murray

Die meisten Golfer, denen man zuschaut, spielen nach den Regeln.

Joey Adams

Was beim Golf am meisten zählt, ist der Mitspieler.

Anonymus

Ich habe die dicksten Freundschaften in die Brüche gehen sehen, bloss weil der eine besser spielen und der andere besser zählen konnte.

Stephen Leacock

Golf ist die schwierigste Sportart zum Spielen und die einfachste zum Schummeln.

Dave Hill

Es gibt drei Wege, sein Handicap zu verbessern: Stunden nehmen, mehr üben oder schummeln.

Anonymus

Der einzige Ausrüstungsgegenstand, der wirklich geeignet ist, den Score zu verbessern, ist ein Radiergummi.

Arnold Palmer

Das Erfolgsgeheimnis im Rough ist, ein paar Dutzend Probeschwünge zu machen und zwar mit dem Zweier-Eisen (eine Sense ist auch gut).

Tom Callahan

Golf hat mehr Menschen zu Lügnern gemacht als die Einkommenssteuer.

Will Rogers

Golf weckt den Idioten und das Kind in uns. Wie kindisch Golfer werden beweist die Tatsache, dass sie oftmals nicht weiter als bis Fünf zählen können.

John Updike

Local Rules sind Regeln, die nur von den Spielern eines ganz bestimmten Platzes missachtet werden.

Henry Beard

Dass es Golfregeln gibt, ist jedem Spieler bekannt. Die Regeln sind das weniger.

Manfred Barthel

Wer alle Regeln befolgt, hat weniger Spass.

Katherine Hepburn

Wer Gott um Hilfe anruft, um den Ausgang eines Schlages zu verbessern, während der Ball noch in Bewegung ist, macht sich etwas „Nicht zum Spiel Gehöriges“ zu nutze und muss nach den Regeln bestraft werden.

Henry Longhurst

Es gibt keinen sichereren Weg, eine Regel zu lernen, als gegen sie zu verstossen und dafür bestraft zu werden.

Tom Watson

Die Eigenschaft, welche Golf mehr als alles andere fordert, ist Ehrlichkeit.

Jack Nicklaus

Richtiges Golf ist eine Frage der Einstellung und des Geistes – nicht des Schwungs.

Pelham Grenville Wodehouse

Jemand, der zornig wird, flucht und Schläger zerbricht, muss sich unverzüglich bessern oder das Spiel aufgeben. Soll er doch stattdessen Teppichklopfen! Kein wahrer Golfer wird ihn je vermissen.

Jerome Travers

Abgesehen davon, dass er anständige Schläger und Bälle braucht, muss sich ein Spieler auch gut gekleidet wissen, um sein bestes Golf spielen zu können.

Gary Player

Limettengrüne Hosen und Schuhe aus Krokoleder – der Golfplatz ist der einzige Ort, wo ich wie ein Zuhälter rumlaufen kann, ohne weiter aufzufallen.

Samuel L. Jackson

Verblüffende, späte Erkenntnis: Golfer tragen diese grässlichen Kleider mit Absicht.

Herb Caen

Wenn der Flight hinter Dir drängelt, wink ihn durch – und dann beschleunige!

Deane Beman

Es ist ein Naturgesetz, dass jeder ein Loch schlecht spielt, wenn er durchspielt.

Bernard Darwin

Golf sollte zügig gespielt werden. Das heisst allerdings nicht, dass man bereits einen provisorischen Ball schlagen soll, während der erste noch in der Luft ist.

Yves Cédric Ton-That

Es gilt als Zeichen von Sportlichkeit, verlorene Bälle nicht aufzuheben, bevor sie zum Stillstand gekommen sind.

Mark Twain

Wenn Sie der Meinung sind, es sei schwer, neue Leute kennen zu lernen, dann heben Sie doch mal einen fremden Ball auf.

Jack Lemmon

Stört es Sie, wenn ich spiele, während Sie reden?

Severiano Ballesteros

Es ist richtig, dass man einen schlechten Schlag so schnell wie möglich vergessen sollte – aber nicht vergessen ihn zu zählen.

Yves Cédric Ton-That

Die einzigen Male, wann ein Spieler seinen Ball mit der Hand berühren muss, sind um ihn aufzuteen und um ihn aus dem Loch zu nehmen.

Ken Venturi

Man kann ebenso gut einen Menschen dafür loben, dass er keine Bank ausraubt, wenn man ihn dafür loben will, dass er nach den Regeln spielt.

Bobby Jones

Caddies

Ein Caddie ist die Person, welche den Spieler auf der Runde begleitet und auch nicht gesehen hat, wo der Ball hingeflogen ist.

Anonymus

Der Golfer kann an seinem Schwung, an seinem Griff oder an seinem Stand herumexperimentieren. Erst wenn er seinen Caddie um Rat bittet, begibt er sich auf gefährliches Terrain.

Sir Walter Simpson

Wenn ich Ratschläge von meinem Caddie bräuchte, würde er die Schläge machen und ich den Golfbag tragen.

Bobby Jones

Wenn Dir ein Caddie helfen kann, dann hast Du keine Ahnung von Golf.

Dan Jenkins

Auf dem Golfplatz rede ich, wenn überhaupt, nur mit meinem Caddie. Und dann nur, um mich zu beschweren, wenn er mir den falschen Schläger gegeben hat.

Severiano Ballesteros

Caddies sind eine Gattung für sich. Wenn Du 66 spielst, sagen sie: „Schaut her, wir haben Sechsundsechzig gespielt!" Aber spiel mal eine 77 und sie sagen: „Zum Teufel, er hat Siebenundsiebzig gespielt!"

Lee Trevino

Manch ein Golfer bevorzugt heute einen Wagen anstelle eines Caddies – weil der weder zählen noch kritisieren und auch nicht lachen kann.

Anonymus

Ich weiss, dass man gebüsst werden kann, wenn man einen Schläger schmeisst. Aber kann man auch gebüsst werden, wenn man seinen Caddie schmeisst?

Tommy Bolt

Professionals

Haben Sie jemals einen fröhlichen Pro gesehen?

Pelham Grenville Wodehouse

Es gibt Golf und es gibt Turniergolf. Das sind zwei grundverschiedene Sachen.

Bobby Jones

Wenn man zum Vergnügen spielt, ist es tatsächlich ein Vergnügen. Aber wenn man damit seinen Lebensunterhalt verdienen muss, ist es ein Spiel der Sorgen.

Gary Player

Golf, insbesondere Meisterschaftsgolf, war nie als Spass gedacht. Es sollte weder fair sein noch Sinn machen.

Charles Price

Egal, was die Leute sagen: Nicht das erste Turnier ist das schwierigste zum Gewinnen, sondern das zweite.

John Daly

Wenn Dein Schwung gut genug war, um einmal zu gewinnen, dann ist er auch gut genug, um erneut zu gewinnen.

Mark McCumber

Ich finde, es ist der grösste Vorteil, als Titelverteidigerin ins Rennen zu gehen. Man hat doch bessere Erinnerungen als alle anderen.

Karrie Webb

Es hat schon viele Spitzenreiter am Donnerstag gegeben, von denen am Freitag kein Mensch mehr sprach.

Lee Janzen

Der Spieler, den ich in den letzten zwei Runden am meisten fürchte, bin ich selbst.

Tom Watson

Jeder Profispieler hat zwei Schwünge: Den einen, welchen er auf den letzten drei Löchern eines Turniers einsetzt, und jenen anderen, welchen er in der übrigen Zeit verwendet.

Toney Penna

Um die letzten Löcher eines Major-Turniers gut spielen zu können, braucht es eine gewisse Arroganz.

Hale Irwin

Es ist nicht allein die Fähigkeit, grossartige Schläge zu machen, die einen Champion auszeichnet. Viel wichtiger ist es, möglichst keine schlechten Schläge zu machen.

Tommy Armour

Tourspieler leben von tiefen Scores. Deshalb können sie sich jene riskanten Schläge nicht erlauben, welche leidenschaftliche Golfer so gerne ausprobieren.

Pete Dye

Ich habe von Spielern gehört, die sich über einen fünften Rang gefreut haben. Wenn man sich über einen fünften Platz freut, liegt das möglicherweise daran, dass man nicht das Zeug hat, um zu gewinnen.

Mickey Wright

Die Nr. 1 der Welt im Tennis verbringt 90% ihrer Zeit mit Siegen. Die Nr. 1 im Golf verbringt 90% ihrer Zeit damit, zu verlieren. Golfer sind die besten Verlierer.

David Feherty

Arnold Palmer braucht sich bloss den Hosenbund zurechtzurücken oder am Handschuh zu zupfen und schon machen alle Ah und Oh. Wenn ich dasselbe tu, merkt's kein Mensch.

Jack Nicklaus

Ich bin ein so genannter Hot-Dog-Pro. Das ist, wenn die Zuschauer auf ihre Startliste schauen und sagen: „Im nächsten Flight kommen Kuno Krümel, Hans Wurst und Chi Chi Rodriguez – lass uns einen Hot Dog holen."

Chi Chi Rodriguez

Ich habe mich nie so allein gefühlt, wie auf dem Golfplatz während eines Championships, mit Tausenden von Zuschauern um mich herum. Ganz besonders, wenn es anfing schlecht zu laufen und die Zuschauer allmählich abwanderten.

Bobby Jones

Ich denke, die Leute schätzen gar nicht wie hart wir arbeiten und wie mental hart es ist, ein Major-Turnier zu gewinnen.

Nick Faldo

Der Profigolfer hat mehr Gegner als jeder andere Sportler. Er hat 14 Schläger in seinem Bag – alle unterschiedlich; er hat 18 Löcher zu spielen – alle unterschiedlich, jede Woche; und um sich herum hat er Sand, Bäume, Gras, Wasser, Wind und 143 andere Spieler. Dazu kommt, dass Golf zu 50% mental ist – damit ist sein grösster Gegner er selbst.

Dan Jenkins

Ich mag keine Play-offs. Wenn ich gewinne, tut mir der andere irgendwie leid, und wenn ich nicht gewinne, tu ich mir selbst am meisten leid.

Chi Chi Rodriguez

Wenn Du mit irgendwem auf dem Golfplatz Mitleid hast – geh besser nach Hause! Wenn Du sie nicht frisst, fressen sie Dich.

Severiano Ballesteros

Ich denke, im Profigolf herrscht mehr Konkurrenzkampf als in allen anderen Sportarten. Schliesslich spielen wir nicht gegen einzelne Gegner, sondern müssen jedes Mal gegen die gesamte Liga antreten. Und die hat niemals einen schlechten Tag.

Jim Colbert

Das Wichtigste im Spitzengolf ist, gut zu scoren, denn fast alle Spieler auf der Tour treffen den Ball gut. Das ist kein Problem. Auf das Scoren kommt es an. Und das ist eine Frage des Selbstvertrauens. Wer nicht davon überzeugt ist, dass er es schaffen kann, wird es auch nie schaffen.

Henry Cotton

Jede Woche die selbe Routine: Mittwoch bis Sonntag spielen, Montag ist Waschtag und Dienstag Reisetag. Es ist nicht das Bälle schlagen, es ist der Lebensstil, der einen fertig macht.

Lee Trevino

Mein grösster Traum ist, dass ich es mir eines Tages leisten kann, dieses Spiel aufzugeben – ich werde sonst nämlich noch verrückt!

David Feherty

Was es zum Champion braucht? Leidenschaft, Hingabe, Entschlossenheit, Konzentration und Siegeswillen.

Patty Berg

Niemand wird ein Champion ohne fremde Hilfe.

Johnny Miller

Ich habe es satt, immer mein Bestes zu geben, um dann festzustellen, dass es nicht gut genug war.

Jack Nicklaus

Ich motiviere mich, indem ich an meine Familie denke. Wenn ich schon nicht zuhause bin, dann muss ich es wenigstens lohnend machen. Spiele ich gut, so kann ich es rechtfertigen, weit weg zu sein. Aber wenn ich schlecht spiele, dann habe ich Zeit verschwendet, die ich mit meiner Familie hätte verbringen können.

Nancy Lopez

Der einzige Unterschied zwischen einem Pro und einem Amateur ist, dass ein Schlag, der nach rechts weggeht, beim Pro Fade heisst, während er beim Amateur Slice genannt wird.

Peter Jacobsen

Ein begabter Spieler ist nicht zwingend auch ein guter Lehrer; gerade die besten Spieler bekunden Mühe beim Unterrichten, weil es ihnen selbst so leicht gefallen ist, das Spiel zu lernen.

Mark McKenna

Es gibt Kritik, dass gewisse Golfpros nicht wüssten, wie man Unterricht erteilt. Ich möchte darauf hinweisen, dass es auch viele Schüler gibt, die nicht wissen, wie man eine Stunde nimmt.

Tommy Armour

Unzählige Male sind Schüler zu mir gekommen, weil sich angeblich ein Fehler in ihrem Schwung eingeschlichen hatte. Die meisten erzählten mir sogleich, wo der Fehler lag. Dabei schienen sie eines zu vergessen: Wenn sie wüssten, wo ihr Fehler lag, dann würden sie kaum zu mir kommen und mich auch noch dafür bezahlen.

Tommy Armour

Leadbetter wollte, dass ich meinen Rück-, Auf-, Ab- und Durchschwung ändere. Das einzige, was ich ihm zufolge hätte beibehalten dürfen, war, rechtshändig zu spielen.

Brad Bryant

Ich mag keine Ärzte. Die sind wie Golflehrer – jeder hat eine andere Lösung für Dein Problem.

Severiano Ballesteros

Manch einer, dem der Arzt zum Golfspiel geraten hat, dem rät der Golflehrer zum Gegenteil.

Anonymus

Der wahre Grund, weshalb der Pro immer sagt, man solle den Kopf unten lassen, ist, damit man ihn nicht lachen sieht.

Phyllis Diller

Geld im Spiel

Man kann eine Menge Geld mit diesem Spiel verdienen. Fragen Sie doch mal meine Ex-Frauen. Die sind beide so reich, dass ihre Ehemänner nicht arbeiten müssen.

Lee Trevino

Wenn ich schlecht spiele, wünscht mir sogar die Steuerbehörde gute Besserung.

Johnny Miller

Der wahre Grund, weshalb ich Golf spielte, war, dass ich mir das Jagen und Fischen leisten konnte.

Sam Snead

Ich verdanke dem Golfsport alles. Wo sonst könnte ein Typ mit meinem IQ so viel Geld verdienen?

Hubert Green

Die einzigen Statistiken, die mich interessieren, sind Preisgelder und Siege.

Greg Norman

Ich habe vor, dieses Jahr so viel Geld zu gewinnen, dass mein Caddie unter die ersten Zwanzig der Geldrangliste kommen könnte.

Lee Trevino

Ich mag den Gedanken, um Geld zu spielen. Ich habe nie gerne Silber geputzt.

Patty Sheehan

Bei Major-Turnieren schaut man nicht aufs Geld. Man will nur seinen Namen eingraviert haben.

Nick Faldo

Ich habe damals 700 $ für den Sieg der ersten US Open gekriegt und etwa 500 $ für den Sieg der British Open. Heutzutage müssen die jungen Golfer keine Champions mehr sein. Die kriegen allein schon 150.000 $ nur dafür, dass sie ein Logo auf ihrer Mütze tragen.

Gary Player

Der Sieg war früher das Wichtigste. Das Geld war zwar auch schön, aber es war nicht die Hauptsache. Heute fehlt den Spielern das Verlangen nach dem Sieg. Alles, wonach sie sich sehnen, ist dieses viele Geld.

Ray Floyd

Jedes Kind, das Golfspielen lernt, träumt davon, das Masters oder die Open zu gewinnen; nicht davon, die Geldrangliste anzuführen.

Tom Kite

Druck heisst, um fünf Mäuse zu spielen, wenn Du nur zwei in der Tasche hast.

Lee Trevino

Je grösser die Wette, desto länger die kurzen Putts.

Anonymus

Zocken macht nur Spass, wenn's um Summen geht, die man sich eigentlich nicht leisten kann.

Paul Zondler

Wetten Sie niemals mit einem Spieler, der stark gebräunt ist, ein Eisen 1 in der Tasche hat und Sie mit zugekniffenen Augen anschaut.

Dave Marr

Als ich noch viel gezockt habe, hielt ich immer nach Typen Ausschau, die Headcover auf ihren Eisen hatten – die konnte ich mit Sicherheit schlagen.

Chi Chi Rodriguez

Seine Wettschulden nicht zu bezahlen ist, wie wenn man in ein Restaurant gehen würde, bestellt, alles aufisst und dann das Gefühl hat, nicht bezahlen zu müssen.

Doug Sanders

Ich kannte Golf nur vom Hörensagen, so wie etwa Champagnerfrühstück und Scheidung – das tun nur die Reichen.

John Updike

Ich wollte nie Millionär sein; ich wollte nur wie einer leben können.

Walter Hagen

Momentan bin ich, glaube ich, Dritter der Geldrangliste – aber führend beim Ausgeben.

Tony Lema

Der Sieg bedeutet alles. Das Geld braucht man auf, aber die Erinnerungen kann man nie aufbrauchen.

Ken Venturi

Früher war es der Traum eines jeden Tourspielers, nach seinem Rücktritt Headpro in einem schönen Country Club zu werden. Heute kaufen sie sich den Club.

Chi Chi Rodriguez

Das Geld wird völlig unwichtig – wenn man einmal genug davon gewonnen hat.

Johnny Miller

Ohne Fleiss ...

Der Spass, den einem das Golfspiel bereitet, steht in direktem Verhältnis zur Mühe, die man sich *nicht* gibt.

Bob Allen

Die meisten Leute träumen davon, ihre ganze Zeit auf dem Golfplatz zu verbringen. Aber wenn man ein guter Spieler werden will, ist das reine Verschwendung. Man muss seine Zeit auf der Driving Range verbringen.

Lee Trevino

Jeder Tag, an dem man keine Bälle schlägt, ist ein Tag, den es länger braucht, um besser zu werden.

Ben Hogan

Golf ist zu 10% Talent und zu 90% Fleiss.

Anonymus

„Üben" ist der einzige Ratschlag, der für jeden Golfer gut ist.

Arnold Palmer

Kein Golfer wird jemals so gut sein, dass er nicht mehr zu üben braucht.

May Hezlet

Machen Sie nie einen Schlag, den Sie vorher nicht geübt haben.

Harvey Penick

Der einzige Ratschlag, den ich Ihnen geben kann, ist, hören Sie auf keine Ratschläge.

Bruce Fleisher

„Übung macht den Meister", sagt man. Doch bei den meisten Golfern macht sie nur den Fehler zur Gewohnheit.

Henry Longhurst

Regelmässiges Üben soll keine Trainerstunden ersetzen, sondern diese lohnenswert machen.

Harvey Penick

Seien Sie nicht zu stolz, um Stunden zu nehmen. Ich bin's auch nicht.

Jack Nicklaus

Wenn ich einen Tag nicht übe, merke ich das. Wenn ich zwei Tage nicht übe, merken es die Zuschauer; und wenn ich drei Tage nicht übe, merkt's die ganze Welt.

Ben Hogan

Golf sollte erlernt werden, indem man am Loch beginnt und sich allmählich davon entfernt.

Harvey Penick

Ich kann Ihnen das kurze Spiel nicht genug ans Herz legen. Ungefähr 70% aller Schläge werden aus einer Entfernung von weniger als 15 Metern gemacht.

Gary Player

Keiner hat ums Grün herum mehr Glück, als jemand, der viel übt.

Chi Chi Rodriguez

Einem, der viel Championship-Golf gespielt hat, braucht man nicht lange zu erklären, dass das kurze Spiel entscheidend ist.

Tommy Armour

Profis üben das Putten ebenso viel wie den vollen Schwung – schliesslich macht Putten die Hälfte des Spiels aus und verdient deshalb auch die Hälfte der Zeit.

Tom Watson

Oberstes Ziel im Golf ist, den Ball ins Loch zu bringen. Und der einzige Schläger, der wirklich zu diesem Zweck entworfen wurde, ist der Putter. Weshalb üben wir ihn wohl so wenig?

Yves Cédric Ton-That

Wer Putts übt, sieht aus wie ein spinniger Eigenbrötler. Putts sorgen für keine Aufregung, weil man damit weder in den Graben noch in den Wald kommt.

Ulrich Kaiser

Der grösste Fehler, den alle übenden Spieler machen, ist, sich den Ball immer in einer perfekten Lage zurecht zu legen.

Gene Sarazen

Machen Sie es sich nicht zur Gewohnheit, mit „Besserlegen“ zu spielen. Sonst werden Sie nie ein anständiger Golfer. „Besserlegen“ dient weder dem Gedeihen des Platzes noch jenem des Spielers.

Tommy Armour

Zum Üben sollte man stets jene Schläger verwenden, mit denen man am meisten Mühe bekundet.

Harry Vardon

Wenn Sie sich vor der Runde auf der Driving Range einschlagen, machen Sie Ihren letzten Schlag mit jenem Schläger, mit dem Sie auf dem Platz wieder den ersten Schlag machen.

Ken Venturi

Ich pflegte nach der Runde immer in eine Bar zu gehen. Die Jungs von heute gehen zurück auf die Driving Range.

Lee Trevino

Die wertvollste Zeit zum Üben ist gleich im Anschluss an die Runde, wenn die Fehler noch frisch im Gedächtnis haften.

Tom Watson

Dem Golf kann man's nie recht machen: Wenn man sich auf der Driving Range abrackert, vernachlässigt man automatisch wieder andere Dinge.

Nick Faldo

Auf dem Platz mögen mich die anderen schlagen, aber auf der Driving Range bin ich unübertroffen.

Jerry Barber

Wozu soll man üben, wenn man gut spielt? Und wozu erst, wenn man schlecht spielt – es bringt doch nichts, einen miesen Schwung einzuüben!

Fred Couples

Es ist doch schade, alle seine guten Schläge auf der Driving Range zu verschwenden.

Walter Hagen

So etwas wie naturgegebenes Feeling im Golf gibt es nicht. Feeling entwickelt man, indem man Millionen und Abermillionen von Bällen spielt.

Lee Trevino

Man sollte meinen, jemand, der einen Golfball tausendmal richtig geschlagen hat, kann diese Tat beliebig wiederholen. Das ist aber keineswegs der Fall.

Bobby Jones

Wenn Sie wirklich besser werden wollen im Golf, gehen Sie noch mal zurück und fangen Sie jünger an.

Henry Beard

Kein Bewegungsablauf innerhalb des Golfschwungs ist so schwierig, dass er nicht durch eingehendes Studium und eifriges Üben noch schwieriger gemacht werden könnte.

Anonymus

Golf ist eine Wissenschaft, eine Aufgabe fürs Leben, bei der man sich vielleicht selbst erschöpft, aber nie das Thema.

David Forgan

Das einzige, was ein Golfer wirklich braucht, ist mehr Tageslicht.

Ben Hogan

Schwung & Technik

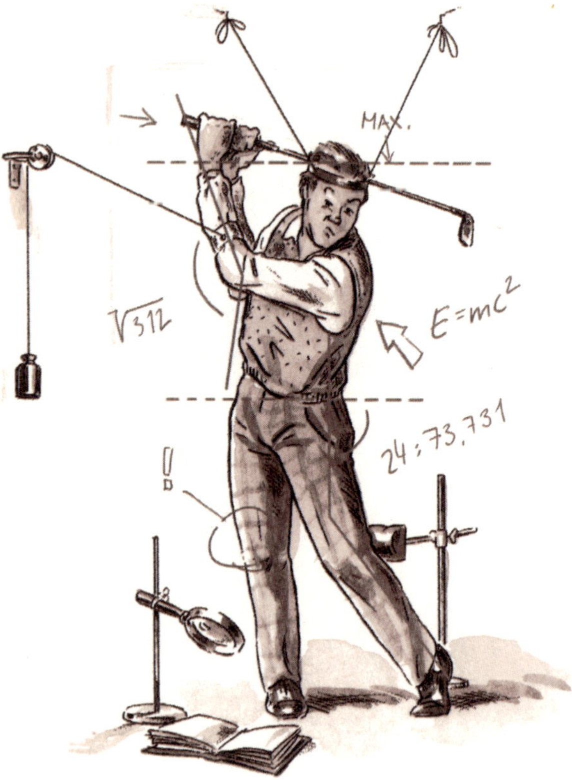

Widersetzen Sie sich jeglichem Instinkt und machen Sie genau das Gegenteil von dem, was Ihnen natürlich erscheint, und Sie werden dem perfekten Golfschwung wahrscheinlich sehr nahe kommen.

Ben Hogan

Der Golfschwung zeichnet sich dadurch aus, dass man versucht, aus den schlimmsten Verrenkungen des Körpers eine graziöse Bewegung zu machen.

Tommy Armour

Der Golfschwung ist eine Ansammlung korrigierter Fehler.

Carol Mann

Manch ein Golfer steht zu nah am Ball – auch nachdem er geschlagen hat.

Sam Snead

Ein komplettes Golfset besteht aus 14 Schlägern – was allerdings nicht heisst, dass man 14 verschiedene Schwünge braucht.

John Jacobs

Jeder Golfer hat zwei Schwünge: Einen wunderschönen Übungsschwung – und jenen gewürgten, mit dem er seinen Ball schlägt.

Ed Furgol

Sagen Sie nie: „Ich glaube, ich kann es mit dem Eisen soundso schaffen.“ Es darf nie die Frage auftauchen, ob Sie hinkommen oder nicht. Nehmen Sie im Zweifelsfall ein Eisen mehr, damit sie etwas in Reserve haben.

Harry Vardon

Machen Sie stets einen Schlag, von dem Sie wissen, dass Sie ihn können – nicht einen Schlag, von dem Sie glauben, dass Sie ihn können.

Dr. Bob Rotella

Bei Gegenwind schlägt man zu fest drauf, weil man durch den Wind kommen will. Bei Rückenwind schlägt man zu fest drauf, weil man sehen will, wie weit man kommt.

Anonymus

Die meisten Schläge werden versaut, weil man im letzten Moment versucht, noch ein paar Meter rauszuholen.

Bobby Jones

Richtungslose Länge ist immer noch schlimmer als gar keine Länge.

Nancy Lopez

Sie werden den Ball regelmässig weiter schlagen, wenn Sie nicht versuchen, ihn weit zu schlagen.

Sam Snead

Ist Ihnen schon einmal aufgefallen, dass Ihre längsten Schläge zugleich auch Ihre geradesten sind?

Ken Venturi

Wenn man mit Timing und Rhythmus schlägt, segelt der Ball gerade und weit das Fairway hinunter. Es ist mühelose Kraft, nicht kraftvolle Mühe.

Ernest Jones

Ein guter Spieler schwingt durch den Ball, während der unbeholfene draufschlägt.

Ken Venturi

Bei einem Schlag muss das Timing perfekt stimmen – bei einem Schwung stimmt es von selbst.

Grantland Rice

Ich habe stets sehr langsam und kontrolliert geschwungen. Vor allem deshalb, weil ich beobachtet habe, wie sich bereits die kleinsten Schwungfehler katastrophal auswirken können, wenn man mit halsbrecherischer Geschwindigkeit schwingt.

Nancy Lopez

Schwingen Sie langsam und gemütlich – der Ball läuft Ihnen nicht davon.

Sam Snead

Niemand hat jemals einen Golfschläger zu langsam geschwungen.

Bobby Jones

Niemand hat je dem Ball nachgeschaut und einen guten Schlag gesehen.

Don Herold

Dem Ball nachzuschauen geschieht aus Furcht und Sorge. Man sucht das Ergebnis, bevor man überhaupt geschlagen hat – weil man seinem Schwung nicht vertraute.

Ernest Jones

Ich habe nie eingesehen, weshalb man dem Ball nicht nachschauen soll. Der einzige Grund, wieso ich Golf spiele, ist, um den Ball fliegen zu sehen.

Charles Price

Ein schöner Finish ist nicht die Ursache, sondern die Wirkung. Man trifft damit den Ball nicht besser – vielmehr ist es der Beweis dafür, dass man den Ball perfekt getroffen hat.

Jack White

Am Golfschwung zu arbeiten ist, wie ein Hemd zu bügeln. Kaum hat man eine Seite fertig, ist die andere Seite wieder voller Knitter.

Tom Watson

Versuchen Sie nie, an mehr als 300 verschiedene Sachen gleichzeitig zu denken, während Sie Ihren Ball schlagen.

Henry Beard

Zum Kuckuck! Wenn man an so viele Dinge gleichzeitig denken soll, kann man doch gar nicht spielen.

Sir Walter Simpson

Wenn manche Leute Messer und Gabel ergreifen würden, wie sie es mit einem Golfschläger tun, würden sie verhungern.

Sam Snead

Der Golfschwung ist keine ausgesprochen natürliche Angelegenheit und muss erlernt werden – wie z. B. Schwertschlucken auch.

Brian Swarbrick

Unser Rücken ist für Golf nicht geschaffen. Schlimmer ist nur noch Rodeoreiten.

Fred Couples

Eine schlechte Einstellung ist schlimmer als ein schlechter Schwung.

Payne Stewart

Jene, welche den Golfschwung wissenschaftlich betrachten, sehen Arme, Beine, Kopf, Schultern, Rumpf und Hüften separat. Das ist, wie wenn man einen Wurm in Stücke schneidet und jedes Stück in eine andere Richtung zappelt.

Ernest Jones

In keiner anderen Sportart müssen derartige Kräfte mit so viel Feingefühl Hand in Hand gehen.

Arnold Haultain

In welcher anderen Sportart muss man schon einen ruhenden Ball mit der Kraft eines Vorschlaghammers schlagen und im nächsten Moment mit dem Feingefühl eines Chirurgen chippen?

A.J. Dalconen

Ob es so etwas wie den technisch perfekten Schwung gibt? Wenn ja, habe ich ihn noch nie gesehen.

David Leadbetter

Die Suche nach dem perfekten Schwung ist eine komplizierte Wissenschaft, gleich der Alchemie.

Yves Cédric Ton-That

Was Schwung und Technik angeht, so habe ich von Tuten und Blasen keine Ahnung. Wenn es bei mir gut läuft, ziele ich nicht einmal.

Fred Couples

Die entscheidende Frage ist nicht, wie gut die guten Schläge sind, sondern wie schlecht sind die schlechten?

Harvey Penick

Immer daran denken: Was zählt, ist die Anzahl der Schläge, nicht die Eleganz, mit der geschwungen wurde.

Anonymus

Wenn Sie einen schlechten Schwung haben, aber gute Scores erzielen – ändern Sie nichts!

Lee Trevino

Linkshänder im Golf haben den Vorteil, dass niemand versucht, ihren Schwung durch gute Ratschläge zu verderben.

Bob Charles

Putten

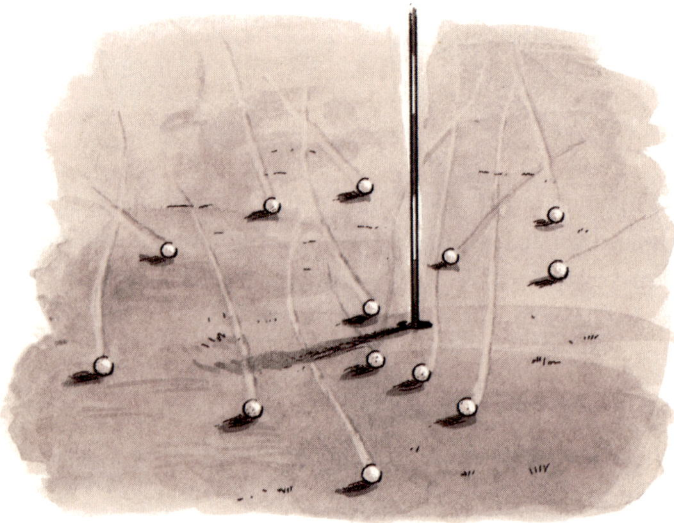

Golf ist zur Hälfte Spass – die andere Hälfte besteht aus Putten.

Peter Dobereiner

Golf und Putten haben absolut nichts gemeinsam; es sind zwei völlig unterschiedliche Spiele: Das eine spielt man in der Luft und das andere am Boden.

Ben Hogan

Putten ist wirklich ein Spiel im Spiel.

Tom Watson

Das Golfspiel wäre nichts, ohne dieses mühevolle Gehabe rund ums Loch.

Joyce Wethered

Man arbeitet jahrelang an einem konstanten Schwung, der einen auf die Grüns bringt, und anschliessend muss man etwas machen, das damit absolut nichts zu tun hat. Es sollte keine Löcher geben, nur Fahnen. Und derjenige, welcher am meisten Fairways und Grüns trifft und am nächsten an die Fahne schlägt, hat gewonnen.

Ben Hogan

Ein guter Spieler, der grossartig puttet, ist jedem Golfer gewachsen. Einer, der den Ball grossartig trifft, aber nicht putten kann, ist gar niemandem gewachsen.

Ben Sayers

Die Abschläge sind für die Show, das Putten fürs Geld.

Bobby Locke

Ein Grün zu lesen, ist wie das Kleingedruckte in einem Vertrag zu lesen. Wenn man es nicht mit äusserster Sorgfalt tut, kann man ganz schön in Schwierigkeiten geraten.

Claude Hamilton

Auf dem Grün kann einem der Geist ernsthafte Schwierigkeiten bereiten. Nur wenn einem schon ein Putt nicht gefällt, sinken die Chancen ihn einzulochen dramatisch.

Joyce Wethered

Gutes Putten beginnt damit, dass man den Ball förmlich ins Loch rollen sieht, noch ehe man überhaupt seinen Stand einnimmt – ja sogar noch bevor man den Putter zur Hand nimmt.

Dave Stockton

Jeder Putt kann ins Loch gehen, aber man darf es nicht von jedem Putt erwarten.

Jane Blalock

Manchmal ist man sich bei einem Putt so sicher – wenn man ihn verschiebt, fühlt es sich an, wie ein Dolchstoss mitten ins Herz.

Tom Lehman

Es ist ein Brauch von Alters her: Wer putten kann, hat nie Malheur.

Anonymus

Beim Putten geht es weniger um Break oder Geschwindigkeit – es geht darum, wer gewinnen will, reine Willenssache glaube ich ...

Jesper Parnevik

Schlechtes Putten kommt vom Denken *wie* anstatt *wohin.*

Jackie Burke, Jr.

Es werden mehr Putts verfehlt, weil die Distanz nicht stimmte als wegen falscher Richtung.

John Jacobs

90% aller Putts, die zu kurz sind, gehen nicht ins Loch.

Yogi Berra

In Gedanken habe ich noch nie einen Putt verschoben.

Jack Nicklaus

Je mehr Zeit man sich beim Putten lässt, umso mehr Gedanken kann man sich darüber machen, wie man den Ball am Loch vorbeischieben will.

Tommy Bolt

Studieren Sie nicht stundenlang die Linie, wenn ein Putt gerade aussieht. Sonst werden Sie sich früher oder später ein Break einbilden, das gar nicht existiert.

Corey Pavin

Ein nonchalanter Putt zählt genauso wie ein chalanter Putt.

Henry Beard

Vor langer Zeit habe ich gelernt: Kein Putt ist so kurz, dass man sich seiner sicher sein kann.

Bobby Jones

Kurze Putts sollten weder hastig noch mit übertriebener Vorsicht gespielt werden.

Sir Walter Simpson

Je öfter man daneben puttet, desto schlimmer wird es, und desto öfter wird man wieder daneben putten.

Dave Pelz

Man muss nicht viele Putts verschieben, um das Vertrauen zu verlieren. Aber man muss sehr viele einlochen, um es zurückzugewinnen.

Annika Sörenstam

Das, was im Golf am einfachsten aussieht, ist für gewöhnlich das Schwierigste – nehmen Sie das Putten zum Beispiel.

Eric Brown

Wenn Gott gewollt hätte, dass wir crosshanded putten, hätte er unseren linken Arm länger gemacht.

Lee Trevino

Ich benutze keinen von diesen überlangen Puttern – wenn ich den Ball schon vorbeischiebe, will ich wenigstens gut aussehen dabei.

Chi Chi Rodriguez

Es gibt keine Stilnoten beim Putten – der Ball muss ins Loch.

Brian Swarbrick

Schenken ist eine Vereinbarung zwischen zwei Flaschen, die nicht putten können.

Jim Bishop

Putten ist wie Weisheit: Zum einen ist es eine Gabe der Natur und zum anderen beruht es auf jahrelanger Erfahrung.

Arnold Palmer

Einen guten Putt erkennt man an seinem Geräusch.

Bobby Locke

Der Spieler mit dem besten Score hat immer exzellent geputtet.

George Low

Mental

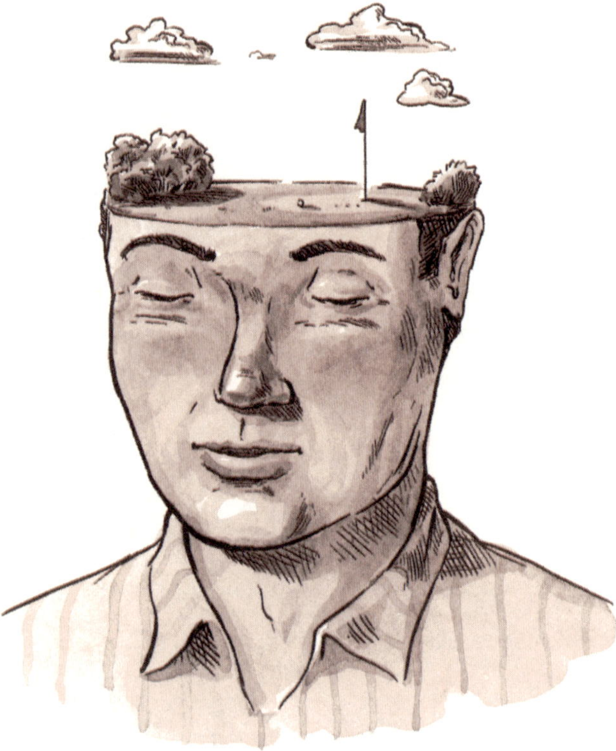

Golf ist ein Kompromiss zwischen dem, was Dein Inneres Dir sagt, dem, was Deine Erfahrung Dir rät, und dem, was Deine Nerven Dir erlauben.

Bruce Crampton

Der Geist verdirbt mehr Golfschläge als der Körper.

Tommy Bolt

Wettkampf-Golf spielt sich vorwiegend zwischen den Ohren ab.

Bobby Jones

Dein Handicap ist nur im Kopf.

Howard Carpendale

Wenn man die Grundlagen mal drin hat, ist es nur noch mental.

Ken Venturi

Ich war mir nicht bewusst, wie viel Selbstvertrauen im Golf bedeutet, bis ich es verloren hatte.

Bob Tway

Selbstvertrauen ist alles. Von dort ist es nur noch ein kleiner Schritt zum Siegen.

Craig Stadler

Für den Erfolg muss man sich entscheiden – für den Misserfolg genauso.

Bob Brue

Golf wäre so viel einfacher, wenn uns nicht ständig der eigene Intellekt im Wege stehen würde.

Yves Cédric Ton-That

Das geistlose, stumpfsinnige Gemüt ist das beste für Golf. Ein phantasievolles Temperament ist das schlechteste.

Sir Walter Simpson

Mein Problem ist, ich denke zuviel. Ich habe es schon immer gesagt: Man muss doof sein, um gut spielen zu können.

JoAnne Carner

Aggressiv zu spielen, macht ab und zu Sinn. Aber intelligent zu spielen, macht immer Sinn.

Jim Flick

Man muss immer positiv denken, denn der Körper kann nur das machen, was das geistige Auge sieht.

Chi Chi Rodriguez

Wenn Sie sich vor einem Hindernis wieder finden, konzentrieren Sie sich auf Ihr Ziel und nicht auf das Hindernis.

Dr. Bob Rotella

Wenn Sie auf dem Golfplatz etwas fürchten, wirkt sich das aus wie ein Magnet. Wasser, Bunker, Bäume, Gräben, hohes Gras – was immer Sie fürchten, bekommt magische Anziehungskraft.

Wiffi Smith

Die meisten Schwierigkeiten im Golf sind mentaler Natur, nicht physischer. Es sind erdachte Hindernisse, die real auf dem Platz gar nicht existieren.

Arnold Haultain

Von allen Hindernissen ist Furcht das schlimmste.

Sam Snead

Angst ruiniert mehr Golfschläge als alles andere, sowohl bei Profis wie Amateuren.

Tommy Armour

Ich glaube, die Angst zu versagen hat mich öfter gelenkt als die Aussicht auf den Erfolg.

Pat Bradley

Anstatt mich unter Druck zu setzen und zu sagen: „Der muss rein!“, denke ich einfach: „Na los, mach ihn rein“. Das ist ein kleiner, aber entscheidender Unterschied.

Corey Pavin

Lassen Sie sich nie durch schlechte Schläge entmutigen. Echte Golfer haben ein dickes Fell und schlagen damit jeden Jammerlappen.

Paul Runyan

Der entscheidende Unterschied zwischen Amateuren und Professionals liegt weniger im Schwung, als vielmehr in der Fähigkeit sich zu konzentrieren und schlechte Schläge wegzustecken.

Yves Cédric Ton-That

Wenn man schon so blöd ist und den Ball verfehlt, sollte man wenigstens so schlau sein und es schnell vergessen.

Arnold Palmer

Wenn man nach einem schlechten Schlag die Beherrschung verliert, ist es wahrscheinlich, dass der nächste Schlag genauso schlecht ausfällt.

Julius Boros

Wenn man einen kurzen Putt verschiebt, heisst das noch lange nicht, dass man seinen nächsten Drive ins Aus schlagen muss.

Henry Cotton

In der Gegenwart zu bleiben ist ganz entscheidend. Sobald man anfängt einem Schlag nachzuhängen, den man gerade verhauen hat, oder sich überlegt, was man auf den nächsten Neun spielen muss um aufzuholen, ist man verloren.

Paul Azinger

Fast alle Golfer würden besser spielen, wenn sie nicht ständig an ihren Score denken würden.

Dr. Bob Rotella

Lassen Sie Ihre Einstellung über Ihr Golfspiel bestimmen. Nicht umgekehrt.

Davis Love, Jr.

Die Frage ist doch: Was war zuerst – Spass am Spiel oder gutes Spiel?

Corey Pavin

Es ist ein Teufelskreis: Wenn ich schlecht spiele, werde ich unsicher und spiele schlecht ...

Curtis Strange

Wenn Sie es vermeiden könnten, gelegentlich einen Schlag zu verpatzen, dann wären Sie der Erste.

John Jacobs

Der wichtigste Schlag im Golf ist der nächste.

Ben Hogan

Wenn man einen schlechten Schlag macht, darf man sich nie fragen, was man falsch gemacht hat. Man muss sich auf den nächsten Schlag konzentrieren und was man dort richtig machen will.

Tommy Armour

Die abgedroschene Ermahnung, den letzten Schlag so schnell wie möglich zu vergessen und sich nur auf den kommenden Schlag zu konzentrieren, gilt für die guten genauso wie für die schlechten Schläge.

Bobby Jones

Es ist weder neu noch eine besondere Erkenntnis, dass Golf Schlag für Schlag gespielt werden muss. Aber es hat mich Jahre gekostet, dies zu begreifen.

Bobby Jones

Akzeptieren Sie die Tatsache, dass Sie als menschliches Wesen dazu neigen, Fehler zu machen.

Dr. Bob Rotella

Ich weiss, dass ich sowieso auf jeder Golfrunde mindestens sieben Schläge verhaue. Wenn ich mich also aufregen wollte, könnte ich genauso gut schon am ersten Abschlag damit anfangen.

Walter Hagen

Manche Golfer meinen, sie würden sich konzentrieren – dabei sorgen sie sich nur.

Bobby Jones

Wer sich erinnern muss, dass er sich konzentrieren muss, hat keine Chance, sich zu konzentrieren.

Bobby Nichols

Das Ermüdende im Golf ist nicht das Laufen oder Schwingen, es ist die Denkarbeit – oder vielmehr die vergebliche Bemühung zu denken.

Tommy Armour

Golf erfordert mehr mentale Stärke, mehr Konzentration und mehr Entschlossenheit als jeder andere Sport.

Arnold Palmer

Im einen Moment hat man die totale Kontrolle und grösste Willenskraft und im nächsten Moment kriegt man nicht einmal mehr die eigenen Schnürsenkel zu.

Mac O'Grady

Körper und Geist während der ganzen Runde unter Kontrolle zu halten, allen Widrigkeiten wie Frust und nervlicher Belastung zum Trotz – das ist wahrscheinlich die grösste Herausforderung im Golf.

Greg Norman

Kein Mensch schafft es, bei jedem Schlag die optimale Einstellung zu haben – keiner ist so gut. Sonst wäre er kein Mensch.

Tom Kite

Volle Konzentration während der ganzen Runde ist weder wünschenswert noch machbar. Sie ist sogar völlig überflüssig bis zu dem Moment, in dem man tatsächlich mit Spielen an der Reihe ist.

Julius Boros

Ich glaube, der Drang, sich weiter verbessern zu wollen, darf nie aufhören. Wenn man denkt, dass man nicht mehr weiter kommt, begrenzt man dadurch seine Fähigkeiten nur selbst – und das was man erreichen kann.

Tiger Woods

Jeder Golfer kommt früher oder später an den Punkt, wo er das Gefühl hat, die Grenzen seiner Fähigkeiten erreicht zu haben und nicht mehr weiterzukommen. Aber das ist falsch, man kommt nie an sein Ende – es ist nur eine Frage der Ausdauer.

George Will

Es gibt keinen Golfer, der über seine Verhältnisse spielt. Selbst wenn es gut läuft, ist das doch nur ein winziger Teil dessen, wozu man eigentlich in der Lage wäre.

Dr. Bob Rotella

Jeder Schlag sollte auf das kleinstmögliche Ziel gerichtet sein. Das ist den meisten Spielern klar, wenn sie ein Grün anspielen. Doch auch beim Abschlag sollte man auf einen exakten Punkt auf dem Fairway zielen.

Craig Wood

Ich habe noch nie einen Ball geschlagen – nicht einmal auf der Driving Range – , bei dem ich nicht eine ganz präzise Vorstellung des Schlags gehabt hätte.

Jack Nicklaus

Der Grund, weshalb Spieler oftmals spektakuläre Schläge aus schwierigen Lagen machen, ist, dass sie solche Schläge viel stärker visualisieren.

Gary Wiren

Zweifel ist die häufigste Ursache von Fehlschlägen.

Davis Love, Jr.

Seien Sie entschlossen! Ein falscher Entschluss ist in der Regel weniger schlimm als Unentschlossenheit.

Bernhard Langer

Golf kann nicht im Zorn oder in einer anderen heftigen Gemütsbewegung gespielt werden. Und die Hälfte aller von Amateuren ausgeführten Schläge geschehen, wenn nicht im Zorn so immerhin in Verwirrung oder Resignation oder zynisch oder sogar hysterisch.

George Plimpton

Der Golfer schlägt sich selbst, lange bevor er den Ball schlägt.

Ellsworth Vines

Der Fehler hat seinen Ursprung im Kopf und findet seinen Ausdruck im Schwung.

Lorne Rubenstein

Der Grund für schlechtes Golf ist im Geist zu suchen und nicht im Körper. Und deshalb muss an der Einstellung gearbeitet werden und nicht am Schwung – wie das gewöhnlich getan wird.

G.F. Mappin

Seien wir doch ehrlich: 95% dieses Spiels sind mental. Einer, der lausig spielt, braucht keinen Golflehrer, sondern einen Seelenklempner.

Tom Murphy

Golf ist zu 20% Technik und zu 80% Geist.

Ben Hogan

Golf ist zu 90% mental und zu 10% mental.

Henry Beard

Matchplay

Im Gegensatz zum Matchplay gleicht Zählspiel mehr einem Zielschiessen, weil der Reiz des direkten Gegners fehlt.

Freddie Tait

Zählspiel stellt das golferische Können besser auf die Probe, Lochspiel stellt die charakterlichen Eigenschaften besser auf die Probe.

Joe Carr

18 Löcher Matchplay werden Ihnen über Ihren Gegner mehr sagen, als 19 Jahre gemeinsamer Arbeit am Schreibtisch.

Grantland Rice

Wenn Du jemanden beim Golf besiegen willst, versuche, ihn wütend zu machen.

Dave Williams

Wenn Ihr Gegner im Bunker eine miserable Lage hat, verbietet Ihnen keine Regel, hinter ihm zu stehen und seine Schläge laut mitzuzählen – mit zunehmend freudiger Stimme, je mehr es werden. Aber falls Sie das tun, ist es ratsam, ebenfalls ein Wedge mitzunehmen.

Horace G. Hutchinson

Mit den Ohren putten ist ein guter Leitspruch. Warten Sie, bis Sie hören, wie der Ball ins Loch fällt. Dann schauen Sie nicht zum Loch, denn es wird Ihnen viel mehr Genugtuung bereiten, das Gesicht Ihres Gegners zu sehen.

Jack White

Der perfekte Golfschwung lässt sich umschreiben und wissenschaftlich belegen. Aber der clevere Golfer wird sich damit nicht befassen, er gibt es seinem Gegner zum Studium.

Dr. Fran Pirozzolo

Ein heimlicher Zweifel am gegnerischen Spiel kann im Matchplay sehr nützlich sein.

Sir Walter Simpson

Es ist unmöglich, einem Gegner spielerisch überlegen zu sein, wenn man ihm nicht auch geistig überlegen ist.

Lawson Little

Oftmals gewinnt man ein Match nicht, weil man selbst so brilliant spielt, sondern wegen den Fehlern des Gegners.

James Braid

Betrachten Sie sich immer als den Schwächeren, dann sind Sie im Vorteil. Der Favorit sorgt sich nämlich, wie peinlich es wäre, zu verlieren.

Dr. Bob Rotella

Das Geheimnis im Matchplay liegt darin, sein bestes und regelmässigstes Golf zu spielen, ohne sich darum zu kümmern, was der Gegner macht – bis dies absolut nötig wird.

James Braid

Verlieren Sie nie die Geduld, egal was passiert. Wenn Sie die Geduld verlieren, verlieren Sie alles – die Fassung, die Selbstachtung, das Urteilsvermögen, das Gleichgewicht, eine schickliche Ausdrucksweise und natürlich das Loch und wahrscheinlich auch das Match.

Arnold Haultain

Wenn sich Ihr Gegner ständig beklagt, dass Sie unglaubliches Glück hätten und er selbst vom Pech verfolgt sei, trösten Sie sich mit der Gewissheit, dass Sie im Moment zwar nichts dagegen ausrichten können, dafür umso mehr in der Zukunft – Sie werden nie wieder mit ihm spielen.

Horace G. Hutchinson

Auch wenn Du in Führung liegst, lass nicht locker – mach sie fertig! Nett sein kannst Du hinterher.

Earl Woods

Was ist schon die Liebe im Vergleich zum Hochgefühl, vor seinem Gegner einzulochen?

Pelham Grenville Wodehouse

Angeber & Ausreden

Gehört er zu den Golfern, die nach jeder Runde jedem Menschen jeden Schlag erzählen, oder gehört er zu den anderen? – Welchen anderen?

Bernhard von Limburger

Golf erzählen ist viel schöner als Golf spielen.

Dieter Rivola

Golfer müssen viel ertragen können – und ihre Zuhörer genauso.

Anonymus

Der Vorteil des Golfers gegenüber dem Angler: Er braucht keine Beweise vorzulegen.

Anonymus

Golf regt die Phantasie an. Allein schon deshalb, weil man sich ständig neue Ausreden einfallen lassen muss.

Anonymus

Wenn man einen Golfer hochhebt und ans Ohr hält, wie eine Muschel – dann hört man lauter Ausreden.

Fred Beck

Lernen Sie, Ihr Leid zu ertragen, ohne Mitleid zu erwecken.

Harold H. Hilton

Der Clubsekretär sollte in sich vereinen die Geduld der liebenden Mutter und die Fürsorge des erfahrenen Arztes mit der Standfestigkeit einer Klagemauer.

Bernhard von Limburger

Ich treffe meinen Driver so gut, dass ich nach dem Schlag ein Ferngespräch anmelden muss.

Lee Trevino

Ich hatte noch nie einen Lehrer. Und ich werde erst auf einen hören, wenn ich einen finde, der mich schlagen kann.

Lee Trevino

Einen guten Golfer erkennt man an einer Bräune wie meiner: Die besagt nämlich, dass er seine Zeit auf Fairways und Grüns verbringt – und nicht unter Bäumen.

Lee Trevino

Ich weiss nicht, wozu die anderen so fleissig üben, wo sie doch nur Zweite werden.

Babe Didrikson Zaharias

Selbst der schlechteste Tag auf dem Golfplatz ist noch besser als mein bester Tag im Büro.

Anonymus

Mein Gewissen hat mich seit jeher geplagt. Man kann nicht Golf spielen, wenn man weiss, dass man eigentlich bei der Arbeit sein müsste. Darum habe ich gekündigt.

James Umbricht

Man sagt, das Handicap entspreche der Anzahl Stunden, die ein Spieler wöchentlich im Büro verbringt.

Anonymus

Wer um die 100 spielt, sollte mehr Zeit für sein Spiel aufwenden. Wer um die 80 spielt, sollte mehr Zeit für seine Geschäfte aufwenden.

Joey Adams

Echte Golfer gehen zur Arbeit, um sich zu entspannen.

George Dillon

Wenn es nach mir ginge, dürfte keiner, der sich des Golfens schuldig gemacht hat, je in ein öffentliches Amt gewählt werden.

Henry Louis Mencken

Ich spiele gelegentlich mit Freunden, aber wir spielen nie freundschaftliches Golf.

Ben Hogan

Wenn ich „Fore“ höre, gehe ich in der Regel hinter meine Mitspieler in Deckung.

Yves Cédric Ton-That

Ich habe einen Zuschauer getroffen, aber der Ball ist noch ganz.

Jerry Pate

Wenn der liebe Gott durchspielen möchte, sollte man ihn besser durchwinken.

Lee Trevino, nachdem er auf dem Golfplatz von einem Blitz getroffen wurde

Wenn es auf dem Golfplatz anfängt zu gewittern, halte ich mein Eisen 1 in die Höhe, denn nicht einmal der liebe Gott trifft das Eisen 1.

Lee Trevino, nachdem er zum zweiten Mal auf dem Golfplatz von einem Blitz getroffen wurde

Wie sollte mich jemand schlagen können? Ich wurde vom Blitz getroffen, hatte zwei Rückenoperationen und bin zweifach geschieden.

Lee Trevino

Ich bin überzeugt, wenn sich alle so benehmen würden wie wir Golfer, dann hätten wir eine wesentlich bessere Welt.

Ray Floyd

Es gibt nur zwei Arten von Menschen: Golfer und Nicht-Golfer.

Raymond Federman

Der grösste Lügner der Welt ist ein Golfer, der von sich behauptet, nur der körperlichen Ertüchtigung wegen zu spielen.

Tommy Bolt

Manche seiner grössten Leistungen hat der Mensch vollbracht, wenn er allein war. Das trifft auch auf den Golfer zu.

Bernhard von Limburger

Zum verrückt werden!

Ich habe gegolft – welch herrliche Erinnerung.
Ich werde golfen – Vorfreude ohnegleichen.
Ich golfe – die Hölle auf Erden.

Bernhard von Limburger

Das Leben mag nicht gerecht sein, aber Golf ist geradezu fies.

Jim Murray

Golf gibt und Golf nimmt. Aber es nimmt verdammt viel mehr, als es gibt.

Simon Hobday

Es heisst, beim Golf werde man so sauer auf sich selbst, dass man sogar vergisst, seine Feinde zu hassen.

Will Rogers

Wenn es im Innern eines Menschen eine dunkle Stelle gibt, beim Golf tritt sie zutage.

Paul Gallico

Baseball stellt den Charakter unter Beweis. Golf stellt ihn bloss.

Ernie Banks

Wenn Fluchen einen Einfluss auf die Flugbahn des Balles hätte, würde Golf weitaus besser gespielt, als dies der Fall ist.

Horace G. Hutchinson

Wenn man die derbe Sprache mancher Golfer hört, könnte man meinen, sie seien von ihren schlechten Schlägen doch tatsächlich überrascht.

Michael Green

Ich krieg' einfach immer so eine Scheisswut.

Simon Hobday

Ich werde immer wieder gefragt, ob ich noch an den kurzen Putt denke, den ich 1970 für den Sieg der British Open in St. Andrews verschoben habe – es kann vorkommen, dass ich ab und zu ganze fünf Minuten lang nicht daran denke.

Doug Sanders

Wie die meisten Profispieler habe ich die Tendenz, mich an meine schlechten Schläge eine Spur besser erinnern zu können als an die guten.

Ben Hogan

Ein schlechter Schlag ärgert einen bei weitem nicht so sehr wie ein dummer Schlag. Und manchmal ist es schwer, den Unterschied zu erklären.

Jack Nicklaus

Bevor Sie sich für dieses grösste aller Spiele entscheiden, müssen Sie wissen, dass Ihre Beziehung in die Brüche gehen wird, Ihre Karriere den Bach runtergeht, die Kinder verwahrlosen, die Pflanzen verdörren und die Haustiere eingehen. Aber das macht nichts – das gehört dazu.

Yves Cédric Ton-That

Die verschiedenen Stadien des Golfspiels sind: Plötzlicher Zusammenbruch, radikale Umstellung, totaler Frust, allmähliche Besserung, kurzzeitiger Erfolg – gefolgt vom plötzlichen Zusammenbruch.

Anonymus

Ich kann nicht genau sagen, was mich am Golf so fasziniert. Immer wenn man das Gefühl hat, jetzt hat man's draussen, macht es einem klar, dass es nicht so ist. Ich bin wohl einfach verrückt genug, weiterhin zu spielen.

Clint Eastwood

Im Gegensatz zum anderen Volkssport der Schotten, dem Whiskysaufen, ist ein Übermass an Golf nicht gesundheitsschädlich.

Sir Walter Simpson

Als ich das erste Mal am Masters teilnahm, war ich so nervös, dass ich vor dem Abschlag ein Flasche Rum leer trank. Ich habe die ausgelassenste 83 meines Lebens gespielt.

Chi Chi Rodriguez

Unter Alkoholeinfluss spielt man zwar nicht besser, aber es macht einem viel weniger aus.

Yves Cédric Ton-That

Die richtige Einstellung zum Golf liegt irgendwo zwischen es gelassen nehmen und Zustände kriegen.

Sam Snead

Die schlimmsten Worte im Golf: Du bist noch dran.

Dave Marr

Egal, wie schlecht man spielt, es kann immer noch schlimmer kommen.

Anonymus

Das einzige, was noch schlimmer ist, als schlecht zu spielen, ist, gar nicht zu spielen.

Arnold Palmer

Golf ist kein Begräbnis, obwohl beides sehr traurige Angelegenheiten sein können.

Bernard Darwin

Golf ist grausam. Es weckt die niedrigsten Instinkte im Menschen und der Unterschied zwischen Golf und Faustkämpfen ist nur, dass die Pein beim einen körperlicher und beim anderen geistiger Natur ist.

Henry Leach

Manchmal verliere ich die Beherrschung so sehr, dass ich völlig vergesse, wo ich bin oder dass ich es bin, die den Ball schlagen sollte.

Mickey Wright

Beim Golfspiel werden Emotionen geweckt, die so stark sind, dass sie manchmal nicht beherrscht werden können, wenn man den Schläger noch in der Hand hält.

Bobby Jones

Die mit Abstand befriedigendste Handlung im Golfsport ist die, einen Schläger zu schmeissen. Die weite Ausholbewegung, der Wurf aus dem Handgelenk, gefolgt von diesem Schwirren – einfach unvergleichlich.

Henry Longhurst

Ich habe einen neuen Driver, mit dem komme ich gute zehn Meter weiter – wenn ich ihn schmeisse.

Alan Egford

Ich habe im Lauf meiner Karriere einige Schläger zerbrochen oder rumgeschmissen. Ich glaube, zeitweise hielt ich sogar den Weitenrekord für jeden Schläger im Bag.

Tommy Bolt

Ich könnte Kurse im Schlägerschmeissen geben. Dann würde ich den Spielern beibringen, wie man den Schläger dazu kriegt, in die richtige Richtung und im richtigen Winkel zu fliegen, damit er nicht beschädigt wird.

Tommy Bolt

Schmeissen Sie Ihre Schläger immer in Spielrichtung – das Fairway hinunter. Dann verschwenden Sie keine Kraft mit Zurücklaufen.

Tommy Bolt

Behalte Deine Schläger stets im Auge. Nichts ist peinlicher, als einen Schläger wegzuschleudern und dann die Mitspieler fragen zu müssen, ob sie ihn gesehen haben.

Glen Waggoner

Tommy Bolts Putter hat schon mehr Flugstunden auf dem Buckel als Lindbergh.

Jimmy Demaret

Weshalb ich mit einem neuen Putter spiele? Weil der alte nicht so gut schwimmen konnte.

Craig Stadler

Ein guter Pro kann Dir genau sagen, welchen Flex Du für Deine Schäfte brauchst. Je mehr Flex, desto mehr Kraft braucht es, um das Ding zu zerbrechen.

Stephen Baker

Eine Grundregel für den Schlägerbrecher: Nie den Putter und den Driver in derselben Runde zerbrechen, sonst ist man verloren.

Tommy Bolt

Für den Golfer verliert die Natur jegliche Bedeutung: Lerchen, Wurmhäufchen, das Summen der Bienen und sogar Kinder sind Ärgernisse. Gänseblümchen sind verhasst und überhaupt sind sämtliche Pflanzen nur „hinderliche Naturstoffe“ und womöglich dem Schläger im Wege. Der Wind kommt nicht mehr aus Ost, Süd, West oder Nord, sondern von vorne, von hinten oder von der Seite. Und der Himmel ist heiter bis wolkig – je nach Verlauf des Spiels.

Sir Walter Simpson

Golfer tun gut daran, sich zu erinnern, dass Bäume nicht die letzten 200 Jahre mit Wachsen verbracht haben, nur damit sie genau heute die Bahn aufs Grün versperren können – egal wie das erscheinen mag.

Dale Concannon

Das Geheimnis, einen Baum zu umspielen, ist, gerade darauf zu halten.

Michael Green

Golf ist seltsam: Heute denkst Du, Du bist der Grösste und morgen fühlst Du Dich wie ein Nichts.

Chi Chi Rodriguez

Golf ist kompromisslos: Es erlaubt keinerlei Schwächen und bestraft jede Dummheit gnadenlos.

Yves Cédric Ton-That

Von dem Abschlag treibt voll Siegeshoffnung der Jüngling. Still nach misslungenem Putt steht an dem Loche der Greis.

Bernhard von Limburger

Vom Golfvirus wie von den Masern sollte man in jungen Jahren befallen werden. Später kann es ernsthafte Folgen haben.

Pelham Grenville Wodehouse

Wenn ich noch einmal von vorne anfangen müsste, würde ich eine andere Sportart wählen.

Yves Cédric Ton-That

Ein ausgeglichenes Wesen ist jemand, der dem Golfsport frönt und dabei so tun kann, als sei es nur ein Spiel.

Anonymus

Er geniesst den vollkommenen Frieden, diesen Seelenfrieden jenseits aller Vorstellungskraft, dessen volles Ausmass nur demjenigen zuteil wird, der das Golfspiel aufgegeben hat.

Pelham Grenville Wodehouse

Einsichten & Aussichten

Ich wünschte, die Fairways wären schmäler angelegt. Dann müssten alle aus dem Rough spielen – nicht bloss ich.

Severiano Ballesteros

Ich verbringe mehr Zeit im Wald als ein Eichhörnchen.

Jack Lemmon

Ich verbringe so viel Zeit im Wald, dass ich schon sagen kann, welche Pflanzen essbar sind.

Lee Trevino

Wer kann, spielt Golf. Und wer es nicht kann, spielt trotzdem.

Anonymus

Ich kann meine Bälle mit Luftpost befördern – nur ab und zu mache ich die falsche Adresse drauf.

Jim Dent

Manch ein Golfer hat schon so einen wilden Schlag gemacht, dass er zwar den Ball wieder fand, aber dann den Platz nicht wieder finden konnte.

Anonymus

Wenn man im Fussball den Pass verfehlt oder im Baseball daneben schlägt, merkt das jeder. Wenn man im Golf einen krummen Schlag macht, kann man immer noch behaupten, man kenne eine Abkürzung.

Bob Hope

Eine Besonderheit, die das Golfspiel auszeichnet, ist, dass man in der Regel das, worauf man zielt, nicht trifft.

Rex Lardner

Mein Spiel ist so mies, dass ich drei Caddies brauche: Einen für das linke Rough, einen, der im rechten Rough läuft, und einen für die Mitte. Und dabei hat der in der Mitte nicht viel zu tun.

Dave Hill

Der schwierigste Schlag im Golf ist eine Annäherung aus 80 Metern, wo der Ball gegen einen Baum gespielt werden muss, von dort in einen Bunker fliegt, auf einem Stein aufkommt, aufs Grün springt und geradewegs ins Loch rollt. Das ist so schwer, dass ich es bloss einmal in meinem Leben geschafft habe.

Zeppo Marx

Ein 5.000 m^2 grosses Fairway trifft man in einem von zehn Fällen. Aber einen 5 cm dicken Ast trifft man in neun von zehn Fällen.

Anonymus

Ich spiele immer eins unter: Eins unter einen Baum, eins unter einen Felsen, eins unter einen Busch ...

Gerry Cheevers

Wenn man ein falsches Grün anspielt, landet der Ball immer tot an der Fahne.

Anonymus

Wenn Sie über ein Wasserhindernis spielen müssen, können Sie entweder ein Eisen mehr nehmen oder einen Ball mehr nehmen.

Henry Beard

Meine besten Schläge im Golf sind die Probeschwünge und die geschenkten Putts. Den Rest werde ich nie beherrschen.

Lord Robertson

Golf ist so ein blödes, stupides, albernes Spiel. Wie froh ist man, wenn man es nicht mehr zu spielen braucht – bis zum nächsten Schlag.

Anonymus

Jeden Tag sage ich mir aufs Neue, heute wird grossartig. Ich versuche, mich vor der Runde in geistige Hochstimmung zu versetzen – und dann versaue ich bereits alles mit dem ersten Schlag.

Johnny Miller

Am ersten Abschlag gedeihen die besten Vorsätze und die schlechtesten Schläge.

Bernhard von Limburger

Das Perfide am Golfspiel ist, dass es so einfach aussieht – und einen damit zu der verhängnisvollen Annahme führt: Das kann ich auch.

Yves Cédric Ton-That

Keiner, der jemals eine Unterrichtsstunde genommen hat, würde so schwingen wie ich.

Lee Trevino

Ich habe einen flachen, hektischen und absolut hässlichen Schwung, aber dafür habe ich einen Haufen Geld für Stunden gespart.

Dawn Coe-Jones

Arnold Palmer hat mit Golf fast so viel Geld verdient, wie ich für Stunden ausgegeben habe.

Bob Hope

Mein Schwung ist so mies, ich sehe aus wie ein Höhlenmensch, der gerade sein Mittagessen zur Strecke bringt.

Lee Trevino

Ich habe die Schule abgebrochen, denn alles, was ich wissen musste, hatte ich bereits gelernt: Den Ball schlagen, finden und erneut schlagen, bis er im Loch verschwindet.

Fuzzy Zoeller

Ich bin kein Intellektueller. Mich zu konzentrieren bereitet mir keine Kopfschmerzen. Die kriege ich von Doppelbogeys.

Tom Weiskopf

Golf hat mit Intelligenz zu tun, und irgendwie bin ich ungeeignet.

Anonymus

Es wurde beobachtet, dass komplett Verblödete am regelmässigsten spielen.

Sir Walter Simpson

Ich wüsste nicht, was ich ohne Golf geworden wäre. Wäre mein IQ nur um zwei Punkte tiefer, dann wäre ich ein Pflanze irgendwo.

Lee Trevino

Golf ist seltsam. Es wird oftmals gespielt, um gesund zu bleiben und doch hat es viele Leute kaputt gemacht, weil es ihnen den Verstand geraubt hat. Schauen Sie mich an, ich bin der gesündeste Vollidiot der Welt.

Bob Hope

So wie ich geputtet habe, muss ich die Grüns in Spanisch gelesen und dann in Englisch gespielt haben.

Homero Blancas

So wie ich gespielt habe, müssten die Fahnen auf Halbmast stehen.

Max Faulkner

Gewisse Leute behaupten, ich hätte Golf zu einer Art Kampfsport gemacht.

Gerald R. Ford

Gerald Ford auf einem Golfplatz zu finden ist nicht schwer. Man muss nur den Verwundeten folgen.

Bob Hope

Wann immer ich mit Gerald Ford spiele, versuche ich einen Vierer draus zu machen: Der Präsident, ich, ein Notarzt und ein Wunderheiler.

Bob Hope

Ich weiss, dass mein Golfspiel besser wird, weil ich weniger Zuschauer treffe.

Gerald R. Ford

Golf ist ein Spiel der Fehlschläge. Wer am besten daneben schlägt, gewinnt.

Ben Hogan

Es ist oftmals nötig, einen zweiten Drive zu schlagen, um zu erkennen, wie gut der erste war.

Anonymus

Es ist gar nicht so schwer, das Fairway zu treffen. Man darf bloss nicht zu wählerisch sein mit dem Fairway.

Anonymus

Nichts begradigt einen hässlichen Slice schneller als ein scharfes Dogleg nach rechts.

Anonymus

An einem Loch spiele ich wie Arnold Palmer und am nächsten wie Lili Palmer.

Sean Connery

Mein bestes Ergebnis, das ich je gespielt habe, ist 103. Aber ich spiele auch erst seit 15 Jahren.

Alex Kansas

Golf ist so beliebt, weil es einfach das tollste Spiel ist, bei dem man schlecht sein kann.

Alan Alexander Milne

Ich bete nie auf dem Golfplatz. Tatsächlich scheint Gott meine Gebete überall zu erhören, ausser auf dem Golfplatz.

Rev. Billy Graham

Mein Handicap? Hölzer und Eisen.

Chris Codiroli

Mein Handicap besteht darin, dass ich dieses Spiel nicht begreife.

Ulrich Kaiser

Handicap: Die Vorgabe einer gewissen Anzahl Schläge, welche es zwei unterschiedlich starken Spielern erlaubt, auf demselben Platz gleich miserabel abzuschneiden.

Henry Beard

Als Kind fand ich Golf leicht. Ich musste erst eine Weile spielen, um herauszufinden, wie schwer es ist.

Ray Floyd

Golf ist das einzige Spiel, bei dem der schlechteste Spieler am meisten davon hat. Er kriegt nicht nur mehr Bewegung, er hat auch mehr Spass als ein guter Spieler. Denn ein guter Spieler wird sich über den kleinsten Fehler aufregen, wohingegen der miese Spieler so viele Fehler macht, dass er sich gar nicht erst aufzuregen braucht.

David Lloyd George

Bedenken sie stets: Dieses Spiel wurde von denselben Menschen erfunden, die meinen, gute Musik käme aus Dudelsäcken ...

Anonymus

Wahrheiten, Halbwahrheiten & Binsenwahrheiten

Ein Loch ist da, wo etwas nicht ist.

Kurt Tucholsky

Das einzig Beständige im Golf ist seine Unbeständigkeit.

Jack Nicklaus

Die einzigen Schläge, derer man sich wirklich sicher sein kann, sind diejenigen, die man schon hinter sich hat.

Byron Nelson

Golf ist eigentlich ganz einfach ... nur schwer zu spielen.

Anonymus

Um den wahren Charakter eines Menschen zu erkennen, muss man mit ihm Golf spielen.

Pelham Grenville Wodehouse

Nirgends geht ein Mensch so nackt wie auf dem Golfplatz.

Michael Murphy

Ich kann sofort sagen, ob jemand ein Gewinner- oder Verlierertyp ist, allein aufgrund seines Verhaltens auf dem Golfplatz.

Donald Trump

Wenige Spiele offenbaren den Charakter eines Menschen deutlicher als Golf.

William H.G. Kingston

Selbstvertrauen ist die beste Eigenschaft für einen Golfer, doch sollte es unausgesprochen bleiben. Es ist gefährlich, sein Selbstvertrauen in Worte zu fassen. Die Golfgötter warten nur darauf, den Anmassenden in seine Schranken zu weisen.

Pelham Grenville Wodehouse

Golf züchtigt den Hochmut. Die geisteskranke Arroganz der späten römischen Imperatoren führe ich darauf zurück, dass sie nie Golf gespielt haben. Damit kannten sie dieses seltsam ernüchternde und demütigende Gefühl nicht, welches durch einen getoppten Chip hervorgerufen wird.

Pelham Grenville Wodehouse

Je mehr Menschen Golf spielen, desto weniger Probleme werden wir auf der Welt haben. Denn dieses Spiel lehrt die Menschen soviel über sich selbst und über andere.

Earl Woods

Das Erfolgsgeheimnis im Golf ist, den Ball hart, gerade und nicht zu oft zu schlagen.

Anonymus

Auf den Ball zu schlagen, ist das, was beim Golf Spass macht. Aber je weniger oft man schlägt, desto mehr Spass hat man. Macht das Sinn?

Lou Graham

Schlage den Ball so, dass Du ihn nicht suchen musst – das ist der beste Ratschlag für jeden Spieler.

Johnny Miller

Golfer brauchen eigentlich nie einen spektakulären Schlag zu machen – es sei denn, der vorhergehende wäre so miserabel gewesen.

Harvey Penick

Gute Spieler wissen, dass sie nicht ihr bestes Golf spielen müssen, um zu gewinnen. Sie müssen bloss den tiefsten Score bringen.

Rick Reilly

Man kann nicht immer gut spielen, wenn's drauf ankommt. Man muss lernen, gut zu scoren, auch wenn man schlecht spielt.

Jim Barnes

Amateur-Golf ist ein Spiel aus schwierigen Lagen mit einem Putt zum Par. Daraus folgt, dass die Fähigkeit gut kratzen zu können, den Amateur am schnellsten zum Erfolg bringt.

George Peper

Keine Runde wird jemals so gut sein, dass sie nicht hätte besser sein können.

Bobby Jones

Man sollte stets bedenken, dass Glück ein fester Bestandteil des Golfspiels ist, und ein guter Golfer muss in allen Bereichen des Spiels gut sein.

Walter Travis

Je mehr man übt, desto mehr Glück hat man.

Gary Player

Es gibt kein Wunder, das nicht mindestens einmal beim Golf vorkommen könnte.

Grantland Rice

Wenn man es sich so überlegt, gibt es kein Loch, das nicht Birdie gespielt werden könnte. Aber es gibt auch keines, das nicht Doppelbogey gespielt werden könnte.

Bobby Jones

In anderen Sportarten kriegt man eine zweite Chance. Im Baseball hat man drei Versuche; im Tennis verliert man nur einen Punkt. Aber im Golf verliert man einen Schlag und oft auch gleich den ganzen Mut.

Tommy Armour

Im Golf zählt jeder Schlag gegen den Spieler.

Lloyd Mangrum

So ist Golf: Es begeistert, um uns zu vergrämen, und es schmeichelt, um uns zu enttäuschen. Es hebt uns zu schwindelnder Höhe empor und lässt uns abstürzen ins Nichts. Und wir kommen doch nie davon los, weil wir auch in der tiefsten Finsternis ein Fünkchen Hoffnung zu sehen vermeinen.

Bernhard von Limburger

Wenn der Durchschnittsgolfer seinen Driver aus der Tasche zieht, schreit das nach unserem ganzen Vertrauen; wenn er aufteet, schreit das nach unserer ganzen Hoffnung, und wenn er dann geschlagen hat, schreit es nach unserem ganzen Mitgefühl.

Ted Osborne

Das Problem mit den modernen, auf den Spieler angepassten Schlägern ist, dass sie auch nicht viel mehr Ahnung von Golf haben als die alten.

Robert Browning

Im Golf werden alle Distanzen in Metern angegeben – aber am Ende geht es doch immer um Millimeter.

Tony Lema

Kein Golfer hat jemals zu langsam geschwungen; kein Golfer hat jemals zu schnell gespielt; und kein Golfer hat sich jemals zu schlicht gekleidet.

Henry Beard

Beim Golf spielen die langsamsten immer vor und die schnellsten hinter einem.

Anonymus

Beim Golf entstehen die spannendsten und dramatischsten Momente, obwohl – oder vielleicht gerade weil – alles so langsam vonstatten geht.

Henry Longhurst

Die grosse Herausforderung im Golf ist, mit möglichst hoher geistiger Anspannung und gleichzeitig möglichst geringer körperlicher Anspannung zu spielen.

Arnold Palmer

Das Golfspiel lässt sich auf drei Arten erlernen: Mittels langwierigen Studiums, was am eintönigsten ist; mittels Nachahmung, was am abwegigsten ist; oder mittels Erfahrung, was am bittersten ist.

Robert Browning

Beim Golf wie in der Kunst ist es unmöglich, perfekt zu sein.

Sandra Palmer

Erhoffe Dir das Beste, rechne mit dem Schlimmsten – und nimm's, wie's kommt!

Gene Sarazen

Golfplätze & Architektur

Golfplatzarchitekten machen mich krank. Die können selber nicht spielen und legen darum die Golfplätze so an, dass alle anderen auch nicht spielen können.

Sam Snead

Golfarchitekten bemühen sich Plätze so zu entwerfen, dass intelligente Spieler belohnt und dumme bestraft werden – aber ziemlich wenig Golfer zeigen, dass sie sich dessen bewusst wären.

Tommy Armour

Golfer lieben es bestraft zu werden – und genau da komme ich als Golfarchitekt ins Spiel.

Pete Dye

Golf ist kein faires Spiel – weshalb also einen fairen Platz bauen?

Pete Dye

Die wahre Kunst der Golfplatzarchitektur besteht darin, den Golfer in einer falschen Sicherheit zu wiegen.

Pete Dye

Beim Anordnen von Hindernissen wird versucht, dem Spieler möglichst viel genussvolle Aufregung zu verschaffen.

Dr. Alister MacKenzie

Es gibt keine fehlplatzierten Bunker. Egal, wo ein Bunker sein mag, es ist die Aufgabe des Spielers ihn zu meiden.

Donald Ross

Hindernisse sind wie Gewürze, welche der Designer auf dem Platz verstreut, um ihm etwas Geschmack zu verleihen.

Robert Trent Jones

Es ist ein anerkannter Grundsatz in der Golfplatzarchitektur, dass der Tiger herausgefordert, in einen Hinterhalt gelockt und damit auf die Probe gestellt werden soll. Der Rabbit dagegen soll in Frieden gelassen werden, da er sich das Spiel auch selbst zur Hölle machen kann.

Bernard Darwin

Der Sinn von Bunkern und anderen Hindernissen besteht nicht nur darin, einen schlechten oder unkontrollierten Schwung, sondern auch Hochmut und Geltungsdrang zu bestrafen.

Charles Blair Macdonald

Jeder, der einen Golfplatz kritisiert, benimmt sich wie ein Gast, der zum Abendessen eingeladen ist und beim Gehen der Dame des Hauses mitteilt, dass es ihm überhaupt nicht geschmeckt hat.

Gary Player

Der Unterschied zwischen amerikanischen und britischen Plätzen ist, dass die einen künstlich und die anderen natürlich sind.

H.J. Whigham

Die Grüns in Augusta sind so schnell, dass ich den Putter über den Ball halte und den Ball nur mit dem Schatten schlage.

Sam Snead

Das Können eines Spielers offenbart sich am besten in Augusta.

David Davies

Augusta ist für einen Golfer wie der Himmel – und man kommt genauso schwer hinein.

Joe Geshwiler

Britisches Links-Golf kann man mit einem Wort umschreiben: Frust. Man kann einen perfekten Schlag machen und plötzlich springt der Ball rechts weg oder aus unerfindlichen Gründen weit über das Grün hinaus. Wenn ich dort vier Wochen am Stück spielen müsste, würde ich total überschnappen.

Tom Watson

Ohne zu zögern kann ich sagen, dass der Old Course St. Andrews mein Lieblingsplatz ist. Was mir am meisten gefällt ist, dass man einen tollen Schlag machen kann und den Ball dann in einer miserablen Lage findet. Das ist doch alles, worum es geht beim Golf.

George Duncan

Wenn in St. Andrews der Wind weht, gehen sogar die Möwen zu Fuss.

Nick Faldo

Jeder Golfer sollte einmal im Leben St. Andrews gespielt haben.

Gene Sarazen

Das Road Hole, die 17 in St. Andrews, ist das berühmt-berüchtigste Loch. Würde jemand so ein Loch heute bauen, so würde man ihn wegen Sorgfaltspflichtverletzung der Sorgfaltspflicht verklagen.

Peter Thompson

Der Grund, weshalb das Road Hole als das schwierigste Par 4 der Welt gilt, ist, weil es in Tat und Wahrheit ein Par 5 ist.

Ben Crenshaw

Es gibt nichts in St. Andrews, das nicht von 100 Bulldozern in Ordnung gebracht werden könnte.

Ed Furgol

Nach der ersten Runde fand ich den Old Course St. Andrews das Allerletzte. Bei meinem zweiten Besuch fand ich ihn dann trotz allem nicht so schlecht. Und beim dritten Mal spielte ich eine ganze Woche dort und kam schliesslich zum Schluss, dass es der grossartigste Platz der Welt ist.

Bob Gardner

Je mehr ich mich mit dem Old Course beschäftigte, desto mehr Gefallen fand ich an ihm; und je mehr Gefallen ich fand, desto mehr beschäftigte ich mich mit ihm.

Bobby Jones

Als ich St. Andrews zum ersten Mal sah, dachte ich, das sei ein ehemaliger Golfplatz.

Sam Snead

Ein guter Golfplatz gefällt meist nicht beim ersten Mal.

Dr. Alister MacKenzie

Ein guter Golfplatz weckt ein so heftiges Verlangen, dass einem kaum Zeit bleibt, die Schuhe zu wechseln.

Ben Crenshaw

Ein guter Golfplatz ist, wenn ich mich an jedes einzelne Loch erinnern kann.

Nancy Lopez

19. Loch

Wenn die Sonne scheint – warum bist Du dann nicht auf dem Golfplatz?

Lee Trevino

Freie Sicht aufs Meer und einen menschenleeren Golfplatz vor sich – da dürfte es keinem Golfer schwer fallen, alle Sorgen zu vergessen.

Arthur James Balfour

Ich hatte einfach das Bedürfnis nichts zu tun – mein Nichtstun heisst Golfspielen.

Bernard Darwin

Spielen Sie nicht zu viel Golf. Zwei Runden pro Tag sind völlig ausreichend.

Harry Vardon

Unter einem strahlend blauen Himmel voll weissen Schäfchenwolken mit Golfschlägern und Freunden das Fairway hinunterschlendern – das ist ein Stück Himmel auf Erde.

Frank Coffey

Die Freundschaften, welche man auf dem Golfplatz knüpft, sind Freundschaften fürs Leben.

Jessica Valentine

Golf ist in Gesellschaft ebenso vergnüglich wie alleine.

Bernard Darwin

Das Wichtigste für alle Golfer, ungeachtet ihres Alters oder Handicaps, ist, dass sie Golf nicht gut, sondern mit Freude spielen.

H.J. Whigham

Nehmen Sie es mit Humor. Es gibt genug andere Sorgen, dass man sich nicht auch noch von schlechten Schlägen die Laune verderben lassen sollte. Noch dazu bei einem Spiel, das eigentlich Spass machen sollte.

Amy Alcott

Wenn ich mich über einen Drei-Putt aufrege, trete ich einen Schritt zurück und erinnere mich daran, dass es wichtigere Dinge auf der Welt gibt als Golf.

Bernhard Langer

Wenn Du einen schlechten Schlag machst, sag Dir einfach, dass es schön ist am Leben zu sein, noch dazu auf einem wunderschönen Golfplatz. Der nächste Schlag wird besser.

Al Geiberger

Wenn man die Zeit zwischen den Schlägen nicht geniessen kann, dann hat man es sehr schwer im Leben. Denn die meiste Zeit des Lebens verbringt man zwischen Schlägen.

Peter Jacobsen

Was für ein schöner Flecken Erde ist doch der Golfplatz. Ich fühle die Gegenwart Gottes in den Bäumen, den Gräsern und den Blumen; ich fühle sie in den Kaninchen, den Vögeln und den Eichhörnchen. Ich fühle, hier bin ich zu Hause.

Harvey Penick

Golf wird nie langweilig, es verliert nie seinen Reiz. Jeden Morgen kommen die Spieler aufs Neue an den ersten Abschlag mit diesem begierigen Ausdruck auf dem Gesicht, als hätten sie monatelang keinen Schläger gesehen.

James Balfour

Golf ist wie das Leben – wenn man im Golf nicht zurechtkommt, wird man auch im Leben nicht zurechtkommen.

Anonymus

Man sagt, Golf sei wie das Leben. Aber glauben Sie das bloss nicht – Golf ist weitaus komplizierter.

Gardner Dickinson

Golf ist keine Frage von Leben und Tod – Golf ist viel wichtiger.

Anonymus

Golf ist das Wichtigste im Leben.

Christian & Knut Eckert

Mittleres Alter ist, wenn man noch zu jung ist, um mit Golf anzufangen, aber zu alt, um noch ans Netz zu rennen.

Franklin Pierce Adams

Es gibt keinen Grund, nicht mit dem Golfen anzufangen, sobald man laufen kann, und es so lange zu spielen, wie man laufen kann.

Arthur James Balfour

Zum Golfen ist man nie zu alt. Solange man gehen kann, kann man auch Golfen.

Louise Suggs

Beim Golf kann man die Vorzüge des Alters beanspruchen und sich die Spielereien der Kindheit bewahren.

Samuel Johnson

Der Unterschied von heute zu meinen jüngeren Jahren ist, dass meine langen Schläge kürzer und das kurze Spiel länger geworden ist.

Simon Hobday

Als ich jünger war, war ich schlanker, ich habe weiter geschlagen, besser geputtet und konnte besser sehen. Ansonsten ist alles beim Alten.

Homero Blancas

Je älter ich werde, desto besser war ich einmal.

Lee Trevino

Ich schwinge immer noch wie früher – nur die Bälle fliegen jetzt in eine andere Richtung.

Lee Trevino

Mit zunehmendem Alter werden die Fairways länger und die Löcher kleiner.

Bobby Locke

Golf ist das einzige Spiel, das ich kenne, das immer schwieriger wird, je länger man es spielt.

Bobby Jones

Jeder, der von sich behauptet, mit 55 besser zu spielen als mit 25, war nicht sehr gut mit 25.

Bob Brue

Beim Golfen wie beim Autofahren gilt, je älter man wird, desto vorsichtiger.

Sam Snead

Je älter wir werden, desto länger waren wir einmal – behaupten wir jedenfalls – und diese Länge ist heute ausser Sichtweite.

Phil Rodgers

Das Schöne auf der Senior Tour ist, dass wir uns nicht an unsere schlechten Schläge erinnern können.

Bob Brue

In 30 Jahren werden wir so um die 90 sein. Dann spielen wir 3-Loch-Turniere für satte 900.000 $ und Gewinner ist derjenige, welcher sich am Ende noch an seinen Score erinnern kann.

Bob Brue

Täglich ein paar Stunden Golf hält fit – für noch mehr Golf.

Anonymus

Egal, was Du heute spielst, wenn Du das nächste Mal am ersten Abschlag stehst, musst Du wieder von ganz vorne anfangen.

Peter Jacobsen

Wenn man das Fairway des Lebens hinuntergeht, sollte man von Zeit zu Zeit innehalten und an den Blumen riechen, die am Wegrand stehen. Man spielt nur eine Runde.

Ben Hogan

Im Golf, mehr als in jeder anderen Sportart, ist der Weg das Ziel.

Robert Browning

Das Leben ist eine Reise, die zu geniessen ist – und wie im Golf ist das Schöne daran, dass man nie genau weiss, wo es einen hinführt.

Dr. Bob Rotella

Mögest Du lange genug leben, um eines Tages Dein Alter zu spielen.

Anonymus

Wenn es kein Golf im Himmel gibt, gehe ich nicht hin.

Anonymus

Das Paradies hat 18 Löcher.

Manfred Barthel

Autorenindex

Golfregeln einmal anders:

„Soll ich droppen oder was…?“

Amüsante Geschichten zu den Golfregeln

Was ist zu tun, wenn  eine Ziege den Ball auffrisst?

Wie muss bei einem Ball im Kuhfladen vorgegangen werden und weshalb sollten Ehepartner besser nicht Greensome miteinander spielen?

Wer  wann wo und wie geschummelt hat.

Antworten auf diese und viele andere brisante Fragen finden Sie in diesem höchst amüsanten Buch von Yves Cédric Ton-That. Hier werden die wichtigsten Regeln aufgegriffen und anhand von witzigen und einzigartig illustrierten Geschichten erläutert.

„Endlich ein Buch, das die Golfregeln auf unterhaltsame Weise vermittelt. In 14 amüsante Geschichten verpackt, werden hier die wichtigsten Regeln dargelegt. So machen die Golfregeln Spass.“ Oskar Brunnthaler, **G.O.L.F.-Time**

„Wem nach dieser Lektüre die Golfregeln nicht klar sind, dem ist nicht zu helfen.“ Erich Helmensdorfer, **Frankfurter Allgemeine Zeitung**

DER GOLF ALBRECHT
Soll ich droppen oder was...?
Yves Cédric Ton-That
Amüsante Geschichten zu den Golfregeln

Golfregeln 2000-2003:

„Golfregeln + Etikette: Klipp und klar!“

Ein Leitfaden für das korrekte Verhalten auf Golfplätzen

Das beliebteste Regelbuch: Hier und nur hier sind die Golfregeln vom trockenen Juristen-Deutsch in eine leicht verständliche Sprache übertragen worden. Die oftmals als komplex empfundene Materie wird übersichtlich und leicht verständlich dargelegt. Über 90 Illustrationen sowie zahlreiche Beispiele veranschaulichen die Regeln. Das Buch unterscheidet sich von anderen Publikationen durch seinen sehr praxisorientierten Aufbau und es enthält wertvolle Tipps rund ums Spiel.
Zudem werden auch Themen wie das neue Slope System, die Berechnung des Handicaps und Zählen nach Stableford endlich verständlich erläutert.
Ein Kapitel „Wiederholungsfragen“ ermöglicht dem Leser schliesslich, seinen Wissensstand zu prüfen und mit dem umfangreichen Stichwortverzeichnis wird das Buch zum nützlichen Nachschlagewerk. Durch den Aufbau als Arbeits- und Übungsbuch eignet sich das Werk auch speziell als begleitendes Lehrmittel im Unterricht.

Das Werk wurde von der Regelkommission des Schweizerischen Golfverbands geprüft und gutgeheissen. Es enthält die geltenden Regeln für die Jahre 2000-2003.

„Absolutes Muss für alle Golfer.“ **Handelszeitung**

„Das allgemeinverständlich geschriebene Buch zählt mit seinen Fallbeispielen zu den besten Darstellungen des Regelwerks.“ **Frankfurter Allgemeine Zeitung**

Yves Cédric Ton-That
„Golfregeln + Etikette: Klipp und klar!“
Ein Leitfaden für das korrekte Verhalten auf Golfplätzen
176 Seiten, 91 Abbildungen, gebunden
Albrecht Golf Verlag GmbH, ISBN 3-87014-106-9
Weitere Infos unter www.golfregeln.ch